Sergio Campbell

EL PSICOANÁLISIS Y SUS DIAGNÓSTICOS

Editorial Brujas

Título: *El psicoanálisis y sus diagnósticos*
Autor: Sergio Campbell

Campbell, Sergio
   El psicoanálisis y sus diagnósticos / Sergio Campbell. - 1a ed . -
Córdoba : Brujas, 2019.
   150 p. ; 23 x 15 cm.

1. Clínica Psicoanalítica. 2. Psicoanalistas. 3. Teoría Psicoanalítica.
I. Título.
   CDD 150.195

www.editorialbrujas.com.ar publicaciones@editorialbrujas.com.ar
Tel/fax: (0351) 4606044 / 4691616- Pasaje España 1486 Córdoba–Argentina.

En este momento debemos hacer todo lo posible por formar una clase que pueda funcionar como intérprete entre nosotros y los millones a quienes gobernamos; una clase de personas, que sean indios en sangre y color, pero ingleses en gusto, en opiniones, en moral y en capacidad intelectual. A esa clase debemos dejarle que pula los dialectos vernáculos del país, que los enriquezca con términos científicos tomados de la nomenclatura occidental, y así transformarlos en el vehículo de transmisión de conocimiento para una gran masa de la población.

Macaulay. 1835.
Secretario de guerra inglés

Contenido

INTRODUCCIÓN

Habría que decir algo desde el inicio, y esto es que hablar de psicoanálisis – como si el psicoanálisis fuese uno – ya no es posible. Desde su invención, muchas versiones surgieron y tuvieron diferentes acogidas, diferentes prevalencias. De tal multiplicidad de versiones, nos quedan muy pocas certezas, tal vez una: que hoy, leer a Freud como lo leyeron sus contemporáneos, es imposible. Hubo algunos que privilegiaron la primera tópica, otros la segunda; hubo otros que amalgamaron la idea de la enfermedad única con las regresiones, y también los hubo que pusieron énfasis en los mecanismos de defensa; los hubo también que focalizaron en el yo, y quienes hicieron hincapié en la estructura. Y hubo y hubo y hubo; es decir, los hay, porque no se trata de movimientos evolutivos sino de diferentes modos de leer, a Freud y por ende a los dichos de los analizantes.

Esta advertencia inicial significa, o al menos eso intenta, poner el énfasis del lugar de enunciación del que se parte; esto es, clarificar cuanto sea posible, de qué psicoanálisis hablamos cuando mencionamos aquí la palabra psicoanálisis, porque *el* psicoanálisis, ya no hay. Todo lo que se leerá aquí, entonces, está ubicado en uno de los psicoanálisis posibles, un psicoanálisis que se nombra en una escuela, Lacaniano y que intenta ir mas allá del principio de autoridad reinante en este campo: Lacan dijo. Sí, es cierto, Lacan dijo muchas cosas, y muchas otras no dijo.

¿Estamos ante un periodo de detención? ¿No podemos ir más allá de lo que Lacan dijo? Hay todo un problema ahí, porque por decisiones familiares, ni siquiera tenemos acceso a lo que Lacan dijo, no sólo porque aún no están todos los seminarios editados, sino por un establecimiento que no admite críticas. ¿Cómo ir más lejos si ni siquiera tenemos lo que Lacan dijo? Sin embargo, es sabido que nada se ha detenido, el movimiento sigue, el campo freudiano parece rebozante de buena salud, aunque más no fuera para estancarse en el Lacan dijo. Si se sigue la enseñanza de Lacan, podrá verse que no es posible integrar todo lo que Lacan dijo, porque, para decirlo del modo más suave posible, se contradecía, y a veces las contradicciones aparecían de una semana a la otra. ¿Cómo integrar entonces dichos movimientos ondulatorios? Dejamos al lector que explore las diferentes operaciones realizadas en torno a este problema, con la advertencia de que si tal exploración realizara, se encontrará con esta verdad: que el psicoanálisis, incluso el que se dice Lacaniano, sólo es posible enunciarlo en plural, y que deberá elegir; posicionarse desde cuál psicoanálisis opera.

También es necesario que decir que hay en el psicoanálisis (lo que anula de hecho la singularidad y sería una prueba más de su multiplicidad), diferentes modos de posicionarse frente a la época que les tocó vivir. Y hay que decirlo pues a veces se busca exculpar y justificar al psicoanálisis echando mano a la época; sin embargo hay sobrados ejemplos (no nos privaremos de mencionarlos llegado el momento) de que la época influye pero no determina; o acaso hoy, en esta época, ¿existe un pensamiento uniforme respecto de algunos acontecimientos, por ejemplo en la llamada batalla de los diagnósticos? En lo anteriormente dicho, hay una operación interesante: dijimos justificar al psicoanálisis, cuando en realidad se trata de la posición de psicoanalistas, es decir, personas de carne y hueso, atravesados por prejuicios e ideologías, o prejuicios surgidos de ideologías. Si el psicoanálisis es lo que se dice en una sesión,[1] el psicoanálisis no necesita ninguna justificación, en todo caso será el obrar de cada uno, la posición de escuela en la que se siente implicado[2], donde va a recaer la justificación. Cuando abordemos un suceso ocurrido en 1921, podremos explicarlo un poco mejor.

Precisamente de nuestra época se trata, época en que algunos debates agitan las aguas del psicoanálisis; época, como otras, donde el psicoanálisis se vio fuertemente interpelado. Es producto de esta época que surge este texto, como texto central del seminario de grado, electivo, de la Facultad de Psicología de la Universidad Nacional de Córdoba. Es decir, y hay que decirlo, que este texto y este seminario, surge en un momento y en un lugar determinado; es decir, y hay que decirlo, se trata de un texto y un seminario situado, pues si el Psicoanálisis es lo que se dice en un análisis (tal como lo pretendía Lacan), el psicoanálisis no puede ser más que situado (situado no significa otra cosa que singular, no universalizable), es decir localizado, y por ende necesita ser pensado de manera localizada. Es posible entonces que este texto envejezca prematuramente, y ojalá así sea, porque significaría que el debate que nos atraviesa hoy, habrá dejado de ser tal.

Sin embargo, a pesar de todos los movimientos y variaciones, pareciera que algo se mantiene inamovible (quizás deba relativizarse esta afirmación, pues también hubo movimientos), y es la relación del psicoanálisis con eso que llamamos diagnóstico. Es verdad que los diagnósticos acompañan al psicoanálisis desde su nacimiento, pero ¿no puede ponerse en cuestión ésta relación? Pareciera que tal soldadura es indisoluble, pareciera que va de

---

[1] Quizás, esta frase, tan asertórica, necesitaría aunque más no fuera, una pequeña explicación que, en el desarrollo del libro se irá ampliando. Decir que un psicoanálisis es lo que se dice en una sesión, implica reconocer que el invento freudiano es el invento de un dispositivo, con reglas claras, tanto para el analizante como para el analista. Lo importante entonces, no es la teoría en sí, sino el dispositivo.

[2] Esto significa que no hay psicoanálisis sin escuela. Ser miembro o no de alguna de las existentes no significa estar por fuera de las mismas.

suyo que el psicoanálisis necesita de los diagnósticos; es notable, verdaderamente llamativo que no nos detengamos demasiado en lo que eso implica; si algo ha variado, es el modo de pensar esa relación, sin poner el acento en la relación misma, lo que de alguna manera implica pasar por alto la relación del psicoanálisis con la medicina, o si se prefiere, con el discurso médico, algo constatable en el acto de inauguración del Instituto de París, en el año 1954, por ejemplo[3].

Se trata de una relación incómoda, pero sobre todo porque la práctica del psicoanálisis supone una posición incómoda, una práctica sin garantía. Freud tenía una posición muy clara al respecto: no avalaba que el psicoanálisis fuese apropiado por los médicos; curiosamente, los psicólogos, que tanto pelearon por el derecho a practicar el psicoanálisis, ahora ejercen el mismo poder de policía y pretenden cerrar filas denunciando la práctica ilegítima. ¿Cuál sería la legitimidad de un psicólogo para practicar el psicoanálisis? Lo que Freud defendía era un psicoanálisis sin garantías, es decir, una práctica no apropiable por títulos de nobleza, porque lo que Freud inventó es una práctica donde reina la incerteza, la inseguridad, donde será la palabra del otro la que servirá como brújula. No hay saber que garantice nada. ¿Es acaso otra cosa la que hizo Freud con Elizabeth? ¿No fue eso lo que hizo Lacan a partir de 1964, abrir las tranqueras, derribar el muro?

Si algo distinguió a Freud, fue poner en cuestión el saber, radicalidad que lo llevó a cuestionar su propio credo científico, sin por eso abandonarlo, o mejor, sin que esos cuestionamientos desterraran definitivamente los restos cientificistas que se escondieron entre los nuevos postulados y que luego, como un

---

[3] El 1º de junio de 1954 fue inaugurado el instituto de París, bajo la presidencia del Sr. André Marie, ministro de educación nacional, y del Sr. Paul coste Floret, ministro de salud y de la población. En su discurso, el Dr. Natch, presidente del instituto, entre otras cosas dijo: "La tradición clínica francesa vuelve a encontrarse enteramente en las exigencias psicoanalíticas. Antes de acceder a los trabajos de nuestro instituto, los médicos deben adquirir un conocimiento teórico y concreto de la medicina y de la psiquiatría dispensado por nuestros profesores de la Facultad y de los hospitales."

rizoma, se extendieron y resurgieron de múltiples maneras en el movimiento psicoanalítico.

Voy a decir de inicio lo que luego intentaré desplegar a lo largo de los capítulos: el diagnóstico será el lastre médico del psicoanálisis, y ese lastre, como todo lastre, tiene efectos.

Se intentará aquí, ubicar esos efectos, en la lectura y en la praxis. En la lectura pues al quedar naturalizada la relación entre el psicoanálisis y los diagnósticos, determinarán el modo de leer; es decir, un velo se posa sobre los textos, pero, si lo que el analista, puesto en función, lo que hace es leer el texto dicho del paciente, ¿no funcionará también ahí, es decir, en el dispositivo, el diagnóstico como velo? De eso trata este libro y este seminario. Para intentar responder a esta pregunta, dividiré el recorrido en tres partes donde su vez, la primera estará subdividida en capítulos: 1.1 Entre el ser y el estar, un borde. 1.2. La modernidad y el psicoanálisis. 1.3. Los diagnósticos y el lastre médico del psicoanálisis. 2. La transferencia y la experiencia analítica. 3. La experiencia analítica a la luz del neoliberalismo.

Como podrá verse, la primera parte y la última se relacionan; pues bien, de eso se trata, de un movimiento circular que permita desplegar lo que anuncié desde el inicio: pensar un psicoanálisis situado.

El primer capítulo de la primera parte estará dedicado a explorar las particularidades de la lengua y cómo impacta en una práctica que no puede prescindir de ella. Partiremos entonces del pensamiento de Rodolfo Kusch, que echó luz sobre la diferencia entre ser y estar.

En el segundo capítulo, abordaremos el momento de surgimiento del psicoanálisis y el posicionamiento de Freud respecto a la ciencia y la cultura. Podría decirse que destacaremos la dimensión ética del proceder freudiano, lo que implicó un lugar determinado para el psicoanálisis en el marco del saber científico. La ética del proceder freudiano no debe confundirse con la etificación del psicoanálisis, que ha llevado a esta disciplina a verdaderas calamidades, porque ahí donde se pone en juego la ética se pone en juego el bien y el mal. En esos momentos el dispositivo se coagula y el psicoanálisis queda ontologizado.

En el tercer capítulo abordaremos específicamente la cuestión de los diagnósticos y su inserción en el psicoanálisis.

En la segunda, se verá de qué manera los diagnósticos y la transferencia se hacen obstáculo.

En la tercera y última parte, la más precaria e inestable, trataremos de abordar el momento actual y los efectos en la subjetividad, sólo para remarcar la necesidad de pensar un psicoanálisis situado en las coordenadas de su praxis.

Primera parte

"Me da miedo la facilidad con que le ponen etiquetas a procesos humanos muy complicados. Esa profusión de términos técnicos puede ocultar un vacío lleno de pretensiones. Puede confundirse fácilmente con una penetrante comprensión de los procesos inconscientes. Puede conducir a un falso despliegue de conocimientos que resulta superficial. Puede seducir a un hombre para que piense con clichés psicoanalíticos y de acuerdo con una ciencia de tarjetas de fichero más que de experiencias personales... La terminología puede ser una amenaza fatal para una ciencia si se utiliza, no para dar nombres a las relaciones, sino como sustituto de la comprensión real. Su uso nos inclina a la pereza intelectual, de modo que sustituimos algo experimentado por algo aprendido de memoria, algo que es realmente nuestro por algo fácilmente adquirido. Tiemblo por la nueva generación, que hace semejante uso no sólo de sus experiencias sino también de los términos analíticos que las describen".

Theodor Reik.

Capítulo 1.

Entre el ser y el estar, un borde.

Decir ser y estar nos ubica de lleno en el tema, que no es otro que la lengua, y más específicamente en nuestra lengua, el castellano; sin embargo, a veces no es el mejor camino ir directo a la cosa; a veces es mejor dar rodeos, darle algunas vueltas al objeto. Un modo de acercarnos, entonces, sería tomar nota de algo dicho renglones arriba: nuestra lengua, el castellano. De estas cuatro palabras podemos extraer dos preguntas: la primera, ¿Por qué el ser y el estar nos ubica en el castellano? La segunda, ¿castellano o español?

Empecemos por la segunda. Para la Real Academia Española, decir castellano o español son sinónimos, pero ¿lo son? En realidad, esa toma de posición de la Real Academia, es una toma de posición política, y esto es algo que remarcaremos a lo largo del texto: la dimensión política de la lengua, y cómo esa dimensión no escapa al psicoanálisis, y no escapa tampoco a la hora de diagnosticar. Retornando, ¿cuál sería la dimensión política de esta posición de la academia? La de obliterar la cuestión de la dominación. La lengua está ligada a la dominación, a la expansión territorial, a la ocupación; en definitiva, al despliegue militar.

Se sabe que el castellano forma parte de las lenguas romances, y que estas son derivaciones del latín; a su vez, el latín proviene de una gran raíz que sería el indoeuropeo. Así las cosas, es necesario situar las invasiones sufridas por la península ibérica: en primer lugar por los cartagineses; en segundo lugar, los romanos; ya constituidos en imperio, invaden y desalojan a los cartagineses, y con esa invasión llevan su lengua: el latín. Hay que diferenciar entre el latín vulgar que era el hablado, y el latín oficial, el escrito; y es necesario hacer esta distinción, porque los que llevan el latín, son los soldados, pero acaso ¿todos los soldados eran romanos? Este pequeño detalle importa porque es lo que de alguna manera explica la deformación y surgimiento de las diferentes lenguas romances, entre ellas el castellano. Ahora bien, y esto será importante para nosotros, los invasores traían otra lengua, que se constituía en la lengua de ocupación, pero los invadidos hablaban en otras lenguas que fueron aplastadas, pero aplastada no significa aniquilada; entonces, es interesante ver cómo la lengua del dominado se infiltra en la lengua del dominador y la transforma. Entre este momento y el castellano transformado en español, otras invasiones tuvieron lugar. Siguiendo entonces, vino luego la invasión germana, los visigodos, que impusieron el aislamiento entre Hispania y Roma, lo que favoreció a la deformación del latín. Luego, podemos ubicar la invasión árabe, ocupando dos tercios de la península, donde se instituyó el mozárabe como lengua oficial. Luego, como se sabe, comenzó la reconquista de la península que terminó, vaya coincidencia, en el mismo momento de la conquista de América (diremos conquista y no descubrimiento), y la aparición de la primera gramática, escrita por Antonio de Nebrija; es decir en 1492. Esta reconquista fue asumida militarmente por Castilla que antes de eso, era sólo un pequeño rincón del reino de León. El castellano (que era la lengua de Castilla) creció al ritmo del crecimiento de Castilla como potencia militar. La primera noticia sobre el castellano, data del siglo X, siendo apenas un dialecto, situación que cambió radicalmente en el siglo XIII con la llegada al poder de Alfonso X, conocido como Alfonso el sabio. En esos tres siglos, el castellano fue creciendo junto al poderío militar de Castilla, pues los cantares de gesta, como El Mío Cid, era la forma literaria que acompañaba las batallas.

Alfonso X se coronó rey de Castilla en 1252, y al año comenzó la fuerte arremetida contra los moros: en 1253 recuperó Jerez; en 1260 arrasó el puerto de Rabat, y conquistó Cádiz en 1263. La importancia que tuvo Alfonso X para el desarrollo y expansión del castellano, podemos cifrarla en lo que fue una obra magna: la creación del scriptorium real, conocido como el círculo de traductores de Toledo. Allí reunió a cristianos, judíos y musulmanes para rescatar textos antiguos y traducirlos al latín y al castellano, entre ellos, la obra de Aristóteles que, en los primeros años del cristianismo había sido anatemizado. Así, puede pensarse la importancia del Círculo de Toledo en la formación de Santo Tomás, aunque luego, este último haya encargado una nueva traducción a Guillermo de Moerbeke, para corregir errores –de interpretación– de los árabes (el periplo entonces de las obras de Aristóteles fue del griego al árabe, del árabe al latín y castellano). La producción del círculo de Toledo expandió el castellano a toda la península, junto con el reconocimiento de lengua culta, a lo que habría que añadir el estatuto de lengua jurídico/política, pues Alfonso instituyó el castellano como lengua de cancillería real, reemplazando al latín. Además, elevó al rango de Universidad, los "estudios de Salamanca".

El castellano entonces, se expandió por toda la península ibérica y se transformó en la lengua oficial del reino. A partir de allí, se comenzó a utilizar la denominación de español por castellano.

Insistiremos entonces en denominar castellana a nuestra lengua, para no borrar la traza política de la lengua, la voluntad de dominio que alberga en su vientre.

Respecto de la segunda cuestión: ¿Por qué el ser y el estar nos ubica en el castellano? La respuesta es bastante simple: porque casi no hay lenguas que mantengan esta diferencia, y particularmente no existe esa diferencia en las lenguas que para este trabajo nos interesan: el alemán y el francés, ¿Por qué son estas dos lenguas las que nos interesan? Porque es en esas lenguas donde surgieron los diagnósticos, es decir, las diferentes gnoseografías. Y ya que estamos enredados en estas cuestiones de la lengua, no está de más ubicar etimológicamente la palabra gnoseografía. La raíz, gnosis, significa conocimiento; sin embargo, no se trata de cualquier conocimiento, sino de un conocimiento intuitivo, un conocimiento que proviene de una iluminación; y grafía, escritura. Es decir que gnoseografía, que es el compendio donde se acumulan los diagnósticos, es la escritura de un conocimiento intuitivo. Así es como las diferentes escuelas de psiquiatría, ordenaron las clasificaciones diagnósticas: gnoseografía alemana, gnoseografía francesa. Luego, con la invención del psicoanálisis, Freud fue creando una gnoseografía propia. Quizás este término confunda un poco ya que pueden estar acostumbrados a leer nosografía, que es la clasificación y descripción de enfermedades. Quizás, es sólo una ocurrencia, un término fue desplazando al otro para darle legitimidad a las clasificaciones, pero si buscan en la biblioteca clásica, verán que el término que aparece es gnoseografía. De todos modos, sea un término u otro, las clasificaciones y los diagnósticos, ponen al psicoanálisis en una encrucijada.

Anotemos esto: en alemán y francés no hay diferencia entre ser y estar.

Vamos a adentrarnos un poco en estos dos verbos, estas dos formas de decir, pero adelantemos la conclusión: si en castellano hay dos formas decir lo que en otras lenguas se dice de una sola manera, eso significa que en el momento de pensar, otras lógicas se ponen en juego; es decir, que la lengua determina el pensar.

Si la lengua determina el pensar, no ha de ser lo mismo pensar en castellano que en francés, alemán, o quichua; de ahí que toda traducción sea un problema, sobre todo cuando aparece el verbo ser/estar. A modo de ejemplo, si un francés dice: il est très hysterique. ¿Cómo traducir? ¿Es muy histérico o está muy histérico? Es muy claro que para un hispanoparlante la diferencia es abismal, pero para un francés no. El verbo être en francés, si bien se utiliza para ser y estar, tiene una fuerte inclinación al ser; por el contrario, en quichua, el verbo copulativo cay, que también representa el ser y estar, tiene una marcada inclinación al estar. Pero no nos adelantemos, sigamos el hilo del castellano y sus dos verbos.

Sobre el verbo *ser* no hay acuerdo acerca de su origen; algunos sostienen que proviene de dos verbos latinos, según los tiempos de conjugación, y otros sostienen que proviene de un solo verbo latino y que luego mutó por deformaciones propias del uso, para decirlo simplificadamente. El verbo latino en cuestión es *"esse."* Sobre este verbo no hay discusión; sobre el que no hay acuerdo es acerca del verbo *"sedere"*; y aquí hay un gran problema pues sedere, literalmente significa estar sentado, es decir, el antónimo de stare, que significa estar de pie. Entonces, el verbo sedere -estar sentado- habría participado tanto en la construcción del verbo ser como del verbo estar. Como sea, el verbo esse, denotaba existencia, es decir, no funcionaba como verbo copulativo; se lo utilizaba casi como el verbo haber; por ejemplo *"vita est in terra"*, significa existe vida en la tierra, o hay vida en la tierra.

Entonces, sin profundizar demasiado, parece que el verbo sedere vendría a ser importante en esta diferencia entre ser y estar; lo que se mantiene en el misterio es por qué algunas lenguas unificaron y otras no; paticularmente las lenguas romances: el castellano, el portugués y el italiano; así como el gallego y el catalán.

Es necesario un paso más, que consiste en retomar el logos griego. En su sentido original, logos significa palabra meditada, reflexionada; de ahí que derivó a razonamiento, argumentación, discurso; y si bien, en griego, ontos designaba al ser, puede rastrearse ya en Heráclito, de qué manera se utiliza a la palabra logos para designar al ser; algo que será mucho más claro aún en Parménides cuando afirma que el ser es racional. Pasaron muchos siglos hasta el cogito ergo sum de Descartes, donde volvemos a encontrar el sum ya sea traducido como existo, o traducido como soy, con lo cual, la existencia y el ser vuelven a encontrarse.

Si la lengua determina la manera de pensar; ¿cuáles son los efectos, en la traducción, en el pasaje de lengua, de una lengua que no diferencia entre ser y estar a una que sí lo hace? No habremos de responder todavía.

A principios de la década del ochenta hicieron su aparición los estudios decoloniales[4] que se propuso deconstruir la episteme colonizadora, episteme derivada del logos, derivada de un cierto razonar y que a nuestras orillas llega con la conquista[5].

Con la conquista desembarcó el castellano a nuestro continente, es decir, llegó como lengua imperial, lengua colonizadora; sin embargo, los avatares de la historia, hicieron que devenga lengua de borde (en Europa lengua secundaria, en América lengua imperial); pero además, tuvo un elemento en su estructura que le permitió ensamblar muy bien con las diferentes lenguas de los pueblos originarios, y eso es precisamente la existencia de dos verbos diferentes: el ser y el estar. Rodolfo Kusch[6], que será a quien seguiremos en este tramo, no puede ser

---

[4] Es necesario no confundir los estudios post coloniales del giro decolonial, pues si bien, en ambos casos el objeto de crítica es el dominio colonial establecido por los imperios y el discurso que los justifica, en el caso de los estudios decoloniales se trata de que en realidad no hay post; para justificar eso, separan colonialismo y colonialidad. El colonialismo sería la invasión, la ocupación territorial (de ahí que al ser proferidas las independencias, surgiría los post colonial); pero una vez llegada la retirada, lo que queda, es la colonialidad, entendida como la episteme que sostiene al sistema discursivo, simbólico y de poder.

[5] Es importante resaltar el hecho de la conquista, puesto que a la modernidad le es inherente la conquista, no hay una sin la otra, tal como lo ha señalado Enrique Dussel.

[6] Rodolfo Kusch, 1922 -1979. Antropólogo y filósofo argentino.

integrado en los estudios decoloniales pues es anterior, pero es el autor donde abrevan todos los decolonialistas; y leyendo su libro *"América profunda"*[7], nos encontramos con un verdadero hallazgo: la diferenciación entre ser y estar, no la cuestión lingüística que hemos mencionado más arriba, sino los efectos culturales. Kusch diferencia entre las culturas del ser y las culturas del estar y la diferencia estaría en un hecho fundamental: las culturas del estar, se adaptan al medio; las culturas del ser, adaptan el medio. Esto define dos posiciones contrapuestas, por un lado las culturas conquistadoras, el ser conquista y adapta el medio a sus necesidades; por el otro, las culturas conquistadas. Hasta aquí, la postura de Kusch pareciera un tanto hegeliana en relación a la dialéctica del amo y el esclavo; sin embargo, aparecen las complicaciones. Las culturas del ser son dinámicas, pero a su vez, cristalizadoras, el ser cristaliza, el ser es, podríamos decir, siguiendo a Parménides; por el otro lado, las culturas del estar, serían culturas estáticas; pero a su vez, absolutamente móviles, pues se adaptan al medio. Kusch afirma que las culturas del ser son aquellas que en su lengua no diferencian entre ser y estar, y las culturas del estar son aquellas donde hay tal diferencia. De esta manera, el castellano sería una lengua borde, lengua imperial por un lado (cultura del ser), pero que a su vez, al diferenciar ser y estar aloja la cultura del estar. El castellano es nuestra lengua, pero no hay que perder de vista lo afirmado con anterioridad, la vocación de dominio que lleva implícita la lengua; Kusch sostiene que la conquista española fue posible más por el verbo ser que por el caballo o las armas. Entonces, si el castellano se impuso como la lengua oficial del territorio argentino fue por la acción "civilizadora" de Sarmiento. La creación de la escuela pública tenía como objetivo la delimitación territorial y la unificación de la lengua, es decir, una nación una lengua. Por lo tanto, la misión sarmientina era la de aplastar a las lenguas que cohabitaban

---

[7] Kusch, Rodolfo: América profunda. Obras completas, tomo II. Editorial Fundación Ross. Rosario, 2009.

en el territorio; otro modo de pensar la campaña del desierto. Exterminar una lengua es mucho más efectivo que exterminar cuerpos; los cuerpos son máquinas necesarias para el trabajo, la lengua puede ser un obstáculo para la domesticación. ¿Qué es un hombre separado de su lengua? Sin embargo, como ya lo sabemos desde que Freud nos lo enseñó, el destino de lo reprimido es retornar. Un breve ejemplo: para nosotros, decir estoy leyendo no nos hace ningún problema, sin embargo, en el castellano de España, eso está mal; se trata de un abuso del gerundio; en francés por ejemplo, eso ni siquiera es cuestión: o se dice je lis – leo – o bien je suis en train de lire –que literalmente sería estoy en tren de leer– ¿De qué se trata este exceso de gerundio en nuestro cono sur? Se trataría – como hipótesis posible -del retorno de lo reprimido, ya que en las lenguas de nuestros pueblos originarios, culturas del estar, lo que prima es el gerundio, siempre se está estando, no se es. En lengua qom, por ejemplo no existe la palabra yo, y por ende tampoco la palabra cuerpo. No hay ser; decirlo de este modo resulta problemático pues nos cuesta pensar sin ser; en todo caso no hay ese ser que nos viene desde la antigua Grecia, el ser del logos. El logos griego conlleva un modo de pensar, arrastra una episteme y nos hace a todos aristotélicos, lo sepamos o no[8]. Los estudios decoloniales precisamente se proponen deconstruir esa episteme.

Un ejemplo Kuscheano de la colonialidad epistémica puede encontrarse en el texto citado: el término *dasein* es un término de Heidegger y que suele ser traducido como ser-ahí, o ahí del ser. Es un modo que encuentra Heidegger para escapar del ente. Es decir, Heidegger se encuentra con un problema para pensar el ser, y ese problema es precisamente su fijeza, lo que convierte al ser en un ente – lo permanentemente presente – y es por eso

---

[8] La utilización del "todos" es, por un lado, una muestra del aristotelismo que arrastramos sin saberlo siquiera, y por otro, la demostración del pensamiento eurocentrado que universaliza y desconoce otros modos de pensar. En ese "todos" no entra el pensamiento chino ni el aymara, por ejemplo.

que retorna a los presocráticos, para encontrar allí el movimiento que se pierde sobre todo a partir de Aristóteles. Kusch, leyendo a Heidegger plantea que la traducción al castellano más correcta es la de *estar ahí*, y no *ser ahí*[9], pues la lógica heideggeriana así lo indica, el dasein **está** en estado de yecto, **está** arrojado al mundo, no hay dasein fuera del mundo; es decir, lo que predomina en Heidegger es el estar y su movimiento (estar en movimiento), y no el ser y su fijeza; eso para Heidegger es el ente, y así lo manifiesta con su apuesta principal: "la filosofía a lo largo de su historia, se pregunta por el ser y responde por el ente". El ser, dirá Heidegger, es aparecer, y también desaparecer, o para decirlo en términos heideggerianos: el ser es desocultamiento y ocultamiento; de ahí que recupera la palabra griega aletheia.

Es entendible que en francés y en inglés, se traduzca el dasein como ser ahí, porque en dichas lenguas no existe el estar, pero en castellano sí, ¿por qué no lo utilizamos? La respuesta de Kusch es sencilla: por la colonialidad, es decir, por esa epistemología impuesta y naturalizada. El estar nos abre toda una dimensión que, de no deconstruir nuestra episteme, quedará cerrada. Decir epistemología impuesta y naturalizada nos lleva al epígrafe inicial del libro, en la cual Thomas Macaulay expresa su ideario y acción: se trata de introducir en la India una nomenclatura occidental. Hagamos recaer el peso de la frase en la palabra nomenclatura. Por definición, una nomenclatura es el conjunto de términos que conforman un área del conocimiento. Como sistema coherente de palabras dentro de un área de conocimiento, la nomenclatura permite la sistematización de dicho conocimiento y el establecimiento de un orden lógico. Como puede verse, cuando Macaulay habla de nomenclatura occidental es muy preciso, se trata de introducir un modo de pensar, un orden lógico del pensamiento, que es el occidental, desterrando el modo de pensar hindú. Y la herramienta para imponer esa nomenclatura es la lengua, porque la lengua determina el pensar. De ahí la

---

[9] OP. Cit. pag 110.

insistencia en el *estar*, porque diferenciar entre *ser* y *estar*, moldea nuestro pensar. Ahora bien, para que resulte operativo, debemos estar advertidos.

Para dimensionar la riqueza del estar, tomaremos prestado unos párrafos de un texto de Luis Crespo, "Los verbos ser y estar explicados por un nativo": *"...Estoy por creer que el verbo estar es el anarquista más grande que ha cruzado el Atlántico, y, desde luego, el incendiario petardista que ha quemado más fósforos en las respetables testas de gramáticos y filósofos Pero aquí hay más – y aquí viene lo bueno -: al primitivo verbo latino, entre los españoles, le crecieron las piernas, las alas, aprendió a sentarse, etc. Pero, aquí está el milagro, al primitivo stare, entre los españoles, le nació el corazón y se humanizó: está triste, está alegre, está enamorado; está por y con los amigos. Y también es un verbo bélico, porque está en la guerra. Cuando finado, está muerto "*[10]

El castellano, entonces nos ofrece un borde interesante, pues sin desconocer al ser, nos abre la posibilidad de pensar el estar. Pensar el estar, problematizarlo; hacerlo objeto de reflexión, implica un modo de perforar al ser. Aquellos que estén familiarizados con Lacan, la idea de perforar al ser les resultará conocida si se tienen en cuenta algunas operaciones realizadas por él, en relación al ser; operaciones que iremos desarrollando en el transcurso del texto, pero que nos permitiremos mencionar aquí: subversión del sujeto; operación sobre el sujeto de la ciencia; neologismos.

Ya veremos de qué manera Lacan era consciente del obstáculo que el verbo ser (être) - que no es sólo un verbo, pues es portador del logos griego - significaba para el psicoanálisis.

Para cerrar este capítulo, quisiéramos comentar una anécdota alrededor de la lengua y su vaciado, es decir, cómo cuando se logra

<hr>

[10] Crespo, Luis: Los verbos ser y estar explicados por un nativo. En Hispania, 29, 1946, pp. 45 -49.Crespo, Luis

vaciar de sentido, agujerear, hay una experiencia posible.

El protagonista de la historia[11] se llama Huo Datong y tenía un dato: había un psicoanalista francés que había dicho que el inconsciente está estructurado como un lenguaje. Decidió ir a París a buscarlo, pero llegó un poco tarde. Eso fue en 1986, cinco años después de la muerte de Lacan. Con un francés extremadamente rudimentario se anotó en París VII en el departamento de psicoanálisis, y ni bien empezó, cayó en la cuenta de que la cosa no andaba si no pasaba él mismo por un análisis. Buscó un analista y llegó al consultorio de una tal Michel Guibal, que había sido analizante de Lacan. Quizás pueda creerse que el elegido fue Guibal porque él sabía chino, pues no, ni una palabra. ¿Cómo llevar adelante un análisis si no se comparte el código lingüístico? Y sin embargo, ese análisis duró cinco años, claro que Huo Datong fue aprendiendo francés y Guibal chino.

Por suerte tenemos testimonio de lo que allí ocurrió.

Huo Datong llegaba al consultorio, se tendía en el diván y comenzaba a hablar; Guibal escandía cuando notaba modificaciones en la modulación de la voz, es decir en el tono; eso escuchaba Guibal, el tono y suponía que ahí se estaba diciendo algo. Entrevistado por Dorian Malovic, Huo Datong contó así su experiencia:

— DM: ¿En qué lengua se desarrolló su primera sesión de análisis con el psicoanalista Michel Gibal?

— HD: Yo había efectivamente comenzado a aprender francés durante mi estancia en Beijing, pero mi nivel no me permitía expresar todo lo que hervía en el fondo de mí. Farfullé algunas palabras en francés y pasé al chino. Hablé, hablé, hablé… sin siquiera tomar aire.

---

[11] La historia de Huo Datong se la debemos a Manuel Hernández García, que la comentó en el coloquio de la École lacanienne de psychanalyse "El análisis ¿es una transformación silenciosa? Realizado en la Ciudad de México en el año 2014.

– DM: ¿Michel Guibal no comprendía nada?

– HD: No, ¡pero eso no tenía ninguna importancia! ¡Yo tenía que hablar! La idea de Lacan es que la acción de hablar viene en primer lugar. Ella prima sobre el contenido. Eso me hizo un bien enorme. Le dije cosas que jamás le había dicho a nadie, ni siquiera a mi amigo Dai Sijie. El conflicto interior que me carcomía tenía necesidad de exteriorizarse. Mi inconsciente se había formado a partir de una vida cotidiana puramente china mezclada con una enseñanza teórica de origen occidental.

Huo Datong mantuvo su análisis tres veces por semana entre 1987 y 1992. Es interesante resaltar hasta qué punto Huo Datong tomó nota y comprendió de qué se trataba el psicoanálisis, que Guibal no entendiera lo que él decía no tenía ninguna importancia, lo importante era hablar, hablarle a alguien que estaba ahí, poniendo su cuerpo como caja de resonancia. Esta anécdota bastaría para concluir y ubicar claramente el lugar del psicoanálisis en la cultura; sin embargo, una fuerza oculta pareciera empujar a quienes practican el psicoanálisis a olvidarse de la radicalidad del invento freudiano. Y a pesar del llamado de Lacan en 1955 sobre la necesidad de retornar a Freud, las cosas no están mucho mejor hoy. Sólo así se explica que se insista con clasificar y diagnosticar, porque si para algo nos sirve esta pequeña historia, es para darnos cuenta que para Guibal, las clasificaciones, las estructuras clínicas o cualquier tabla de orientación no le servían para nada. También nos sirve para dejar planteado un interrogante: Si Huo Datong hablaba en chino, y Guibal escuchaba en Francés, ¿Cuál fue la lengua de ese análisis? O más radical aún: ¿Cuál es la lengua del psicoanálisis?

Capítulo 2.
La modernidad y el psicoanálisis.

Es un hecho que el psicoanálisis surge en el seno de la modernidad, y por ende, en el marco de la caída de la imago paterna que impone el movimiento social propio de la dinámica del capitalismo.[12] También es un hecho que Freud era médico y más específicamente, neurólogo, un médico de hoy, como diría Lacan, lo que quiere decir un médico posterior a la máquina de vapor, un médico posterior a Bichat, el creador de la anátomo patología. Un médico de hoy significa pensar al cuerpo como una máquina constituida por sistemas articulados al modo de los engranajes de un reloj. Precisamente, será el reloj el modelo que guiará a los médicos en la construcción del cuerpo/máquina; el modelo que orientará las especializaciones y subespecializaciones de la medicina tal como la conocemos hoy. Sin embargo, que el psicoanálisis sea un producto de la modernidad, que Freud sea un médico de hoy, no significa que el psicoanálisis se ubique cómodamente en la modernidad.

Definamos un poquito lo que entendemos por modernidad. Si nos dejamos llevar por la enseñanza de historia en el colegio, decimos que la modernidad se inicia a partir de la conquista de

---

[12] Esto debería llevarnos a profundizar y complejizar la relación entre capitalismo y patriarcado.

América, con todas las consecuencias geopolíticas y económicas que eso aparejó sobre las cuales no vamos a detenernos, pero que, en el apartado anterior, avanzamos algunos efectos; pero podemos hacer otro recorte y ubicar en el cogito cartesiano, el inicio del pensamiento moderno. Desde la conquista de América al enunciado de Descartes pasaron 145 años; ese fue el tiempo necesario para que la modernidad fabricara un método de pensamiento propio, es decir, su nomenclatura. La importancia del *pienso, luego existo* es enorme, porque separa el pensamiento religioso del pensamiento filosófico, lo que trajo aparejado como efecto, la independización de la ciencia. A partir de entonces, el pensamiento científico fue desarrollando modelos de pensamiento y sobre todo, de validación. De algún modo es lo que va a señalar Khun en su libro –La estructura de las revoluciones científicas;– se trata de la construcción de paradigmas que legitiman el conocimiento, por lo cual, un conocimiento será validado de acuerdo al paradigma vigente, y como cada época tiene su paradigma, se hace necesario ubicar la época, el contexto en el cual aparece Freud, ese Freud médico, neurólogo, poco interesado en la clínica y muy apasionado por la investigación. Así es que recala en el laboratorio de Brücke, quien junto a Du Boi Reymond, habían escrito lo que se conoce como juramento fisicalista en 1842: *"Brücke y yo hemos contraído el compromiso solemne de imponer esta verdad, a saber: que sólo las fuerzas físicas y químicas, excluyendo a cualquier otra, actúan en el organismo. En los casos que esas fuerzas todavía no pueden explicar, hay que dedicarse a descubrir el modo específico o la forma de su acción, utilizando el método fisicomatemático, o bien postular la existencia de otras fuerzas equivalentes en dignidad a las fuerzas fisicoquímicas inherentes a la materia, reductibles a la fuerza de atracción y repulsión."*[13] Tal tesitura no es otra cosa que una toma de posición sobre el debate del momento, a saber, la existencia de dos tipos de ciencia, la geistewissenschaft y la naturwissenschaft; es decir, ciencias del

---

[13] Citado en Assoun, Paul Laurent: Introducción a una epistemología freudiana, pág. 48.

hombre, o morales, y ciencias de la naturaleza. Tal división implicaba un dualismo epistemológico; el juramento fisicalista desechaba tal división, y por ende expresaba un monismo radical: hay un solo tipo de conocimiento, y es la ciencia de la naturaleza, con lo cual, decir Naturwissenschaft es decir Wissenschaft; no hay para estos científicos, una tal ciencia del espíritu; en el mejor de los casos, forma parte de la primera. Quizás hoy tales argumentos puedan parecer anacrónicos, sin embargo, disciplinas como la sociología, la antropología y la psicología, mantienen aún hoy, ciertos lazos con tales posiciones; incluso dentro del psicoanálisis, con aquellos que ven con buenos ojos una articulación con la neurología.

Freud adscribió a dicho juramento, lo que significa que epistemológicamente, Freud sostenía el monismo; sin embargo, para matizar un poco debemos resaltar el hecho de que, frente a las posiciones encontradas de un dualismo radical o un monismo tan radical como el primero, surgió una posición intermedia que tomaba el modelo de John Stuart Mills, que planteaba una cuestión de grados entre ciencias morales y ciencias de la naturaleza. El dato no es menor si se tiene en cuenta que Freud, estudiando filosofía con Brentano, se sumó a la tarea de traducir a Mills del inglés al alemán.[14] Entonces, si bien hoy no dudaríamos en clasificar a Freud como un cientificista, este dato matiza un poco la ubicación de Freud dentro del monismo radicalizado, aunque hay que decirlo, para Freud, efectivamente, el psicoanálisis era una Naturwissenschaft., y esto tendrá consecuencias, podríamos decir incluso, consecuencias imprevistas. Señalemos al menos una: al no ser receptivo a las ciencias del hombre, Freud rechazará toda posibilidad hermenéutica, de ahí que interpretación y hermenéutica no se confundan; por otro lado vaciará a la doctrina por él creada, de todo psicologismo. La interpretación de los

---

[14] Brentano era amigo de Breuer, y le consultó a éste por colaboradores para realizar la traducción de las obras completas de Mills; así fue que Breuer recomendó a Freud.

sueños, a la sazón, el método por excelencia del psicoanálisis[15], nada tiene que ver con la hermenéutica, y así lo dejó escrito Freud, cuando diferenció a su método interpretativo de la teoría simbolista. Es también este rechazo, el que mantendrá en vías separadas al psicoanálisis de Freud de la psicología de Wundt, quien si bien al comienzo señala la importancia de la fisiología para dotar a la psicología de un estatuto científico, va dejándose arrastrar por el ascenso de las ciencias del hombre y acaba por conceder al historicismo una irreductibilidad creciente en la esfera del espíritu. De esta manera, Wundt ubicará a la Psicología como el enlace entre dos tipos de saberes. Hay que darle, entonces, todo su valor al hecho de que Freud haya adscripto al monismo de Brücke.

Sin embargo, dejarlo cristalizado en el modelo de Brücke, etiquetarlo como cientificista, sería algo así como acostarlo en el lecho de Procusto, pues la colcha le quedaría chica, porque Freud no hubiera sido Freud si por otro lado no hubiera estado fuertemente atravesado por el romanticismo alemán.

Dos palabras acerca de esto: el romanticismo surge como reacción al iluminismo y al enciclopedismo. Si el iluminismo, como su nombre lo indica, sostiene a la razón como la luz que ilumina a todos los fenómenos, el romanticismo elige la sombra; si el iluminismo resalta el clasisismo griego, el romanticismo hunde sus raíces en el folclore popular y regional; si el iluminismo sostiene una razón universal, el romanticismo será fuertemente nacionalista. Esta contraposición no es más que el efecto de la expansión de la revolución francesa a través del ejército napoleónico. Es decir que cierto modelo epistémico no se impuso por su efectividad sino por la fuerza militar. Podríamos decir entonces un poco caricaturescamente, pero no tanto, que el discurso científico, al igual que cualquier modelo imperialista, se impone no por sus bondades sino por su prepotencia guerrera, y

---

[15] La vía regia de acceso al inconsciente, dirá Freud.

a su paso, aplasta otros modos de conocimiento.

Y entonces llegamos al momento en que Freud, un judío un tanto escaso de recursos, debe decidirse por dejar la investigación y dedicarse a la clínica. Y ese es el momento en que se topa con la histeria, con una histérica, y con otra y otra. Y ya embarcado en los problemas que le planteaban estas mujeres que desafiaban a la anatomía y a la fisiología con sus parálisis funcionales, se topó al parecer, con una carta de Martha - es conocido que el noviazgo de Freud fue epistolar (más de 900 cartas) - donde ella le comentaba acerca de un primo; parece ser que Freud quedó atribulado y de ahí habría surgido la pregunta: qué quiere una mujer. Pregunta sin respuesta y que guió toda la vida de Freud. Esta anécdota fue recordada por Lacan el 23 de enero de 1963, un poco modificada, si hemos de darle crédito a la versión original, es decir, la comentada por Ernst Jones en su biografía.[16]

La pregunta freudiana dio origen a un gesto y el gesto a un método; el gesto freudiano, ese gesto que lo saca del saber médico y que por ende lo ubica en un lugar diferente respecto a la modernidad; el gesto que marcará la diferencia respecto a Charcot, por ejemplo, o a Binet, es que Freud fue a preguntarle a las mujeres, no pretendió responderla él, no pretendió que el saber estaba de su lado. El gesto freudiano fue intuir que el saber estaba alojado en el otro. Y cuando Freud trastabilló, cuando no tuvo el gesto, sus histéricas se lo hicieron saber y pagar. Ese pequeño gesto lo alejó definitivamente de la medicina, aún a su pesar, como él mismo lo dice en la epicrisis del caso Elizabeth: *"No siempre he sido exclusivamente psicoterapeuta. Por el contrario, he practicado al principio, como otros neurólogos, el diagnóstico local y las reacciones eléctricas, y a mí mismo me causa singular impresión el comprobar que mis historiales clínicos carecen, por decirlo así, del severo sello*

---

[16] Jones, Ernst: Vida y obra de Sigmund Freud, pág. 121 a 124. *"La carta de ella a Fritz, más tarde, en que le aseguraba que la amistad entre ellos seguía igual que antes, le condujo a un estado de frenesí que le hizo vagar de noche, por las calles, durante horas enteras."*

científico, y presentan más bien un estilo literario. Pero me consuelo pensando que este resultado depende por completo de la naturaleza del objeto y no de mis preferencias personales. El diagnóstico local y las reacciones eléctricas carecen de todo eficacia en la histeria ( ) Tales historiales clínicos deben ser juzgados como los de la Psiquiatría, pero presentan con respecto a estos la ventaja de descubrirnos la íntima relación dada entre la historia de la enferma y los síntomas en los que se exterioriza, relación que buscamos inútilmente en las biografías de otras psicosis. " Es muy importante lo que dice en esta frase casi sin importancia. Tratemos de desmenuzarla: en primer lugar, reconoce su filiación, es decir, su origen como neurólogo; en segundo lugar al aludir a su impresión, está reconociendo su sorpresa, es decir, algo que se le impone. Freud se deja atravesar por lo que sucede,[17] y esto es lo que va a ubicar al Psicoanálisis en otro lugar, lugar que Freud no pensó pero sí Lacan, el lugar de la experiencia. En tercer lugar, Freud se consuela reconociendo que es ajeno a eso que sucede y que se trata de la naturaleza del objeto; en cuarto lugar, separa su práctica de la neurología cuando dice que el diagnóstico local carece de eficacia en la histeria; y en quinto lugar, separa su práctica de la psiquiatría. Es decir, Freud está fundando una nueva práctica, por ahora al interior de la medicina, pero que al ser teorizada, se saldrá de dicha disciplina, pues de una técnica se transformó en un nuevo modo de *experiencia* en el seno de occidente, que le había cedido la *experiencia* a la religión. ¿Qué tipo de experiencia? La del cuidado de sí; es por eso que Foucault inscribe al psicoanálisis en otra tradición, dentro de las técnicas del cuidado de sí, es decir, como un ejercicio espiritual, vaciando a la palabra espiritual del sentido religioso, recuperando, otra vez (no en vano Foucault abreva en Heidegger) a los presocráticos. Resumiendo, la radicalidad del gesto freudiano, fue la de no creerse Freud.[18]

---

[17] Ver más adelante lo desarrollado en torno a la noción de experiencia, donde eso que me pasa, me atraviesa.

[18] Parafraseando el chiste de napoleón: Napoleón era un loco que se creía napoleón.

Entonces, a Freud, la naturaleza del objeto le impide hacer ciencia, y si ahora decimos hacer y no escribir, es porque hacer ciencia no es otra cosa que escribir, es un modelo de escritura, un modelo que formatea el modo de hacer. Parece rebuscado pero no lo es: tomemos como ejemplo las normas APA. Cualquier monografía universitaria debe escribirse bajo dichas normas; esas normas van moldeando el modo de escribir y, al moldear la escritura, al tener que darle un formato prestablecido a la escritura, el pensar, el modo de pensar se va ajustando a ese formato.

Pero Freud dice más todavía, porque lo que dice es que él hubiera preferido hacer ciencia, pero su objeto se lo impide. ¿Cuál sería ese objeto esquivo a la ciencia? Ni más ni menos que el inconsciente. Desde ahí, desde el punto de partida entonces, tenemos que el psicoanálisis no puede ser considerado una ciencia, porque el inconsciente no puede ser apresado, con lo cual se termina toda la discusión con los diversos adversarios del psicoanálisis que le bajan el precio por no ser una ciencia. Pues claro que no; y si alguna vez tuvo tal pretensión - y la tuvo, basta recordar la fundación de los diferentes institutos de investigación y formación, pero sobre todo el de la Policlínica de Berlín, de donde surgió el trípode análisis, seminario, supervisión que sirvió, y sirve, podríamos decir, a los institutos venideros, incluso los llamados lacanianos - las palabras de Freud retornan como un boomerang, incluso contra el mismo Freud, que más de una vez intentó recostarse en el conocimiento científico: la naturaleza del objeto lo impide. Nunca se insistirá lo suficiente sobre esto, pues si nos detenemos en la naturaleza del objeto, podemos fácilmente concluir que el psicoanálisis se ubica, si no perdemos de vista la radicalidad de la experiencia freudiana, por fuera de toda ontología, afirmación que merece ser interrogada.[19] Ubicar la singularidad

---

[19] Decir por fuera de toda ontología es una afirmación demasiado fuerte y que no se condice con lo que se viene sosteniendo en este texto, acerca de la ubicación del psicoanálisis, es decir, su posición de borde. Sería quizás más atinado decir que la radicalidad freudiana ubica al psicoanálisis al borde de toda ontología, incluso por una pregunta que Pierre Balmès dejó

del objeto para el psicoanálisis, nos permite reubicar al sujeto, darle un estatus diferente al de la filosofía, al de la psicología, y al sujeto de la ciencia. Si Lacan buceó en los diferentes sistemas filosóficos, no fue para hacer filosofía con el psicoanálisis, sino todo lo contrario, para vaciarlo de la filosofía del que se había ido llenando a lo largo de los años de institucionalización. Que lo haya conseguido, es otra cuestión.

Dicho impedimento – el de ser ciencia - tendrá consecuencias, tendrá efectos: el más importante desde la perspectiva que estamos desarrollando, es que de hecho, el psicoanálisis hará una impugnación, no explícita, de la modernidad, es decir, del supuesto epistémico que sostiene a la modernidad; sin embargo, para utilizar esa particular negación lacaniana, si el psicoanálisis no puede ser incluido sin más en la modernidad, tampoco es sin la modernidad; el psicoanálisis no es sin la modernidad. El psicoanálisis no hubiera podido existir antes de la modernidad, antes del cogito cartesiano. Un simple ejemplo puede guiarnos: el principio de placer, ¿cómo podría haberse formulado antes de la irrupción de la máquina? ¿Y por qué? Porque de la máquina surgen varias nociones ligadas a la energía; luego, gracias a Bichat, creador de la biología moderna y del método anátomopatológico, el hombre pensado como máquina, también. Así, el principio de placer funciona de acuerdo a un principio energético y económico, que hubiera sido imposible pensarlo antes. Un principio curioso, hay que decirlo, que va a contrapelo del sentido común, un principio que establece que el placer adviene con el fin de la excitación.

En el seminario "El reverso del psicoanálisis", Lacan, dirigiéndose a un estudiante que viene a sacar al resto a la calle - son los acontecimientos posteriores al mayo francés - dice algo

---

abierta ¿Es posible ubicarse por fuera de la ontología? Balmès no puede plantear dicha pregunta por fuera de su marco de referencia, es decir la cultura europea. Correspondería un estudio en profundidad de culturas no eurocentradas para poder responder. Pero claro está que dicho estudio excede por lejos el propósito de este trabajo.

que resulta cómico, pero que como todo chiste es portador de verdad: Lacan le dice, ya ve ud, para salir, tuvo primero que entrar. Si lo traigo a colación es porque si el psicoanálisis descentra a la consciencia, primero tuvo que estar centrada, es decir, ocupar el centro. Y esa centralización se da, fundamentalmente, a partir de Descartes. Existe al respecto un debate muy interesante, pues algunos plantean que la centralidad del hombre arranca con el cristianismo, pues al elegir Dios al hombre, como hecho a su imagen y semejanza, ya se estaría poniendo al hombre en el centro. Como sea, más allá de este debate, es innegable que a partir del "cogito" cartesiano, el hombre ocupa el centro de la reflexión filosófica y el centro de la reflexión científica – tomaremos nota de esto -; no hay posibilidad entonces, de pensar al psicoanálisis por fuera de la modernidad; pero además – y creemos que esto es fundamental - pensemos de qué se alimenta ese Frankenstein freudiano: sueños, chistes, lapsus, olvidos, todo aquello que la ciencia desecha. El psicoanálisis crecerá alimentándose de los desechos de la ciencia, es como un ave de carroña. Entonces, no puede ser pensado por fuera de la modernidad, pero tampoco dentro. El psicoanálisis entonces se ubicará en el borde.

No deja de ser una posición incómoda, a la vez que privilegiada. Incómoda porque deberá soportar los embates del discurso moderno, de una ciencia cada vez más religiosa[20] que va creando una nomenclatura, una red de procedimientos y conceptos; el psicoanálisis deberá sobrevivir en medio de transformaciones subjetivas, la última, la actual, la de la sociedad de la transparencia, apostando por la opacidad, pero también privilegiada pues desde esa posición de borde, podrá dialogar con otros modelos no científicos.

Vamos a realizar un pequeño deslizamiento, una pequeña sustitución, que no será sin efectos, pues ya se sabe que los sinónimos no lo son tanto; vamos a reemplazar la palabra borde

---

[20] Con "religiosa" nos queremos referir al principio de autoridad.

por la palabra orilla. La orilla nos permite mayor plasticidad. Un borde no lleva en sí la movilidad, un borde puede ser móvil, pero también fijo; en cambio la orilla la orilla es móvil, la orilla es esa franja húmeda de la playa donde el mar llega y se va. Parados en la orilla, estamos por momentos dentro del agua, y por momentos fuera de ella. Preferimos la idea de orilla para pensar el psicoanálisis. Transitar, en tanto practicantes del psicoanálisis, por la orilla del pensamiento, dejándonos mojar por las aguas invasoras. Transitar la orilla supone no apegarse a ningún purismo, significa receptar las basuritas que trae el oleaje, pero también las perlas, los peces, la vida. Vamos a ubicar entonces al psicoanálisis a la orilla de la modernidad, lo que permitirá ponerlo a dialogar con la decolonialidad y deconstruir ciertos paradigmas epistémicos sostenidos por la prepotencia de un discurso guerrero. Nos referimos al logos griego porque, si bien Grecia nos legó grandes obras de arte y modelos civilizatorios, también nos legó la filosofía, filosofía que no ha sido otra cosa que un gran caballo de Troya en cuyo interior venía el logos. Que Lacan haya sostenido que la filosofía no es más que un momento del discurso del amo, dice bastante.

Unos renglones más arriba mencionamos al iluminismo; pues bien, habría que introducir aquí a un personaje que no fue ajeno a Freud. En el capítulo 5 de la *"Tramdeumtung"*, Freud nombra, al lado de Aníbal, a un tal Winckelman. Aníbal será el personaje predilecto de Freud, desde el momento en que el padre comenta un hecho ocurrido en la calle, cuando un gentilhombre le tira el sombrero a la calle, y a la pregunta del joven Sigmund sobre su reacción, el padre le responde que no hizo nada, que levantó el sombrero y siguió su marcha. Freud, indignado, se imaginó un Aníbal vienés, un vengador de los semíticos, pero es sabido que Aníbal no pudo llegar a Roma. Cuando Freud comenzó sus viajes a Italia, tampoco podía llegar. Con odio no se puede llegar a Roma que es un anagrama del amor. Entonces, la figura de Winkelman aparece, Winckelman y su amor a Roma. La frase de

Freud en la *"Tramdeuntung"* no es de Freud; Winckelman aparece en una cita de Goethe, que es un autor de referencia para Freud, y además, uno de los pilares del romanticismo alemán, movimiento que abandonará para abrazar el clasisismo, precisamente luego de su viaje a Italia, guiado por la pasión de Winckelman.

¿Quién fue Winckelman? Fue el creador de la arqueología moderna, pero más importante aún, fue el creador del famoso retorno "a " que los estructuralistas franceses supieron abrazar, y Lacan también.

Su nombre no es muy conocido, sin embargo tiene gran importancia. Si bien no estamos haciendo ciencia, tampoco podemos desarrollar argumentos contrafácticos, pero sí podemos decir que Winckelman contribuyó de manera decisiva en el surgimiento del iluminismo y el enciclopedismo; es decir, en el surgimiento de un pensamiento universal. Una consecuencia directa de lo que estamos diciendo es que, sin pensamiento universal, tampoco hubiese habido una historia universal. Hasta ese momento no se conocía la historia como la conocemos hoy, donde Grecia ocupa el lugar de cuna de la civilización. Será por Winckelman y su retorno a los griegos, que occidente va a construir una noción de historia y pensamiento universal, ubicando a Grecia como el antecesor, como su grado cero. Puede entenderse entonces, la importancia de este personaje. Es a partir de este retorno que se va a producir una modificación enorme en el pensamiento, en la matriz del pensamiento; es partir de Winckelman que el logos griego se impone como modelo del pensar, es a partir de Winckelman, que la palabra occidente deja der una mera referencia geográfica; es a partir de Winckelman que se instala la idea de un pensamiento universal: todos somos aristotélicos, lo sepamos o no. Y esto, trae aparejado enormes consecuencias. Vamos a resaltar lo que se ha repetido; decimos a partir de Winckelman, no que Winckelman haya planteado todas estas cosas. Dejemos un minuto a Freud y volvamos a Lacan, a lo que se mencionó acerca del discurso del amo. Gran lector de Hegel y Heidegger, Lacan tenía ciertas ideas acerca del desarrollo del logos, no en vano fue el traductor del alemán al francés del texto de Heidegger que se llama precisamente "Logos", y esas ideas podríamos resumirlas de esta manera: Lacan tenía muy claro que el "ser" era un obstáculo para el psicoanálisis, pero, como dijimos antes, el francés es una de las lenguas que no diferencia entre ser y estar. ¿Qué hacer entonces con ese ser que se entromete obstaculizando el desarrollo del psicoanálisis en la originalidad freudiana, es decir, manteniendo esa característica de borde, esa orilla freudiana? Lacan inventa. Inventa rompiendo la lengua: así surgen una serie de neologismos para perforar al ser: pensêtre, paraêtre, parêtre, parlêtre, desêtre. Operación de perforado, de vaciado, como dice en *Ciencia y verdad*; el psicoanálisis opera sobre el sujeto de la ciencia. En esta frase se resume bastante lo dicho hasta ahora: por un lado que el psicoanálisis no es sin la modernidad, pues es sobre el sujeto de la ciencia que opera, y que dicha operación no es otra que la de vaciado, es decir, la desubstancialización del sujeto, vaciarlo de pensamiento, es decir, *desetrear* al sujeto. Si retomamos a Lacan en este punto, es porque él sí se tomó el trabajo de pensar en esto, es decir, problematizó al ser, algo que Freud no hizo pero que está en la base de su hacer. Esto no significa que haya una continuidad entre Freud y Lacan, tampoco que Lacan haya sabido pulir el diamante en bruto que había en Freud; no, entre Freud y Lacan no hay continuidad, es el mismo Lacan el encargado de remarcarlo, en Caracas, en 1980: *mis tres no son los tres de Freud,* es decir que entre RSI y consciente preconsciente e inconsciente, o ello, yo y super yo, no hay correlación, no hay equivalencia; los tres de Lacan, desplazan a los tres de Freud, y se sabe que cuando hablamos de desplazamiento en psicoanálisis, hay una sustitución que mantiene algo de lo desplazado, que funciona como referencia.

Entonces, cuando Lacan dice que la filosofía es un momento del discurso del amo, está denunciando el carácter apropiador que tiene el logos. Cuando Lacan habla del amo se refiere al amo antiguo, que significa la apropiación para su goce, del saber del esclavo. Es en la cristalización del ser donde eso se produce.

Otro pequeño ejemplo de la operación llevada adelante por Lacan, puede servirnos para mostrar cómo en él, la cuestión del *ser* era una verdadera preocupación. El día 10 de marzo de 1971, en su seminario, dice lo siguiente: *"Le baratin philosophique, qui n'est pas rien – le baratin, ça barate, je ne dis pas mal – il a servi longtemps à quelque chose. Mais depuis un temps, il nous fatigue. Il a abouti à produire "L'être – la" qu'on traduit quelquefois en français plus modestament "la presence" qu'on y ajoute ou non vivante; en fin bref, ce qui pour les savant s'appelle le dasein. Je l'ai retrouvé avec plaisir dans un texte - je vous dirai lequel tout à l'heure, ainsi que le moment où je l'ai relu – un texte de moi, je me suis aperçu avec surprise – que ça dat paye, cette formule – j'avais avancé en son temps pour des gens un peu dur de la feuillle: "mange ton dasein". Qu'importe, nous y revendrions tout à l'heure.*

Le baratin philosophique n'est pas incoherent. Il ne l'incarne, cette presénce, l'être – la, que dans un discours qu'il commence justement par desincarner par l' ∑ποχη. Vous savez ça l'∑ποχη: la mise entre pharentèses, c'est tout simplement ce que ça veu dire. C'est quand même mieux, parce que ça n'a pas tout à fait la même structure, c'est tout de même mieux en grec.

De sorte qu'il est manifeste que la seule façon d'être – la n'a lieu qu'a se mettre entre pharentèses.

¿Cómo traducir este être-la?

La versión disponible en castellano, no es para nada satisfactoria:

"El palabrerío filosófico, que no es nada - el palabrerío, eso mueve las cosas, es normal – sirvió largo tiempo para algo. Pero hace tiempo nos fatiga. Terminó por producir el ser – ahí (être– la), que a veces se traduce en francés más modestamente: la presencia, se le añada o no "viva"; en fin, para resumir, lo que para los sabios se llama Dasein. Lo volví a encontrar con placer, en un texto – les diré cuál enseguida, así como el momento en que lo volví a leer – un texto mío, me di cuenta con sorpresa que de eso hace una punta de años, esta fórmula – que yo había enunciado en su momento para gente, así, un poco dura de oreja: "cómete tu Dasein. ¡No importa! Volveremos sobre esto enseguida. El palabrerío filosófico no es tan incoherente. No la encarna, a esta presencia, el ser ahí, más que en un discurso que comienza justamente por desencarnar por medio de la Ἐποχή (epojé). Uds. saben esto, la Ἐποχή: la puesta entre paréntesis, es muy simplemente eso lo que quiere decir. Es a pesar de todo mejor, porque eso no tiene del todo la misma estructura, de todos modos es mejor en griego. De suerte que es manifiesto que la única manera de ser – ahí no tiene lugar más que al ponerse entre paréntesis."

Hay algunos errores en la traducción, pero además, hay toma de posición. Y en esta toma de posición puede verse de qué manera se pone en juego el acoger y el alojar[21].

Hubo que hacer entonces, otra traducción, cuestionable como toda traducción, pero que partía de otra toma de posición, lo que no hace más que fortalecer lo dicho antes: hay en la traducción una dimensión política insoslayable. Esta otra traducción es la que sigue:

> *"El chamuyo (engañifa, o cháchara) filosófico, que no es poco, el chamuyo, eso embauca, no lo niego, ha servido mucho tiempo para algo. Pero desde hace un tiempo nos fatiga. Se ha producido el estar ahí, que es traducido algunas veces al francés, modestamente, como presencia,*

---

[21] Esta diferencia fue trabajada en el "Coloquio sur" realizado en México en el año 2016. Sintéticamente: Acoger no es alojar. Acoger significa dar paso a algún objeto o persona, en otras palabras, reconocer que se debe dar el derecho a un tercero a un espacio propio. Alojar significa hospedar, aposentar, colocar una cosa dentro de otra.

*agregándole o no, viviente. En fin, bueno, eso que para
los sabios se llama dasein. Lo encontré con placer en un
texto – ya les diré cuál, así como el momento en que lo
releí – un texto mío, me di cuenta con sorpresa – que eso
data de hace tiempo, esta fórmula – la había adelantado
en aquél tempo para esas personas un poco duras de oreja: come tu dasein.*

*No importa, volveremos enseguida sobre eso. El chamuyo
(engañifa) filosófico no es incoherente, él no encarna, esta
presencia, el estar – ahí – más que en un discurso que comienza justamente por desencarnar a través de la epojé.
Saben eso, la epojé, la puesta entre paréntesis, que es eso
lo que quiere decir. Es a pesar de todo, mejor, porque no
tiene en absoluto la misma estructura, de todos modos es
mejor en griego. De suerte que, es evidente, que la única
manera de estar – ahí, no tiene lugar más que al ponerse
entre paréntesis."*

Es difícil seguir el hilo, vamos a marcar algunas diferencias,
dejando para el final la más evidente y más problemática.

En primer lugar, se eligió chamuyo o engañifa por palabrerío,
porque la palabra *baratin*, que literalmente significa baratija, está
usada de una manera coloquial y luego la retoma bajo su forma
verbal (*ça barate*), que, según CNRTL[22] remite al engaño. Lo que
ya dice de la segunda diferencia, ya que *ça barate*, el traductor lo
toma como "eso marcha".

La otra diferencia importante de señalar está cerca del final,
cuando al referirse a la epojé, el traductor elije traducir *ça n'a
pas tout à fait*, como *eso no tiene del todo*, y en esta traducción
propuesta elegimos *no tiene en absoluto*. Se refiere a elegir decir
epojé en griego o traducirlo como poner entre paréntesis. Y dice,
es mejor en griego.

Del mismo modo, y con esto introducimos la última
diferencia, esa donde Lacan decide no traducir dasein. En el

---

[22] Centre National de Ressources textuelles et lexicales.

párrafo señalado, menciona dos veces el dasein sin traducirlo, y menciona otras tantas être – la y presencia.

El traductor de la versión disponible en castellano, desliza sin más ni más, del dasein al ser – ahí, y por ende traduce el être – la, como ser ahí; sin embargo, como se sabe, en francés el circunstancial de lugar acompañando al verbo être, permite leerlo como estar, más precisamente estar ahí. Claro que también podría ser leído como ser – ahí, pero, y aquí, toma de posición mediante, decimos que aquí podría ubicarse una operación de Lacan, él dice*: "se ha producido el être-la, que es traducido algunas veces en francés, modestamente, como presencia."* ¿No sería el être-la, ya una traducción? No, porque être-la aparece como producido, no como una traducción de dasein. Es el término presencia el que Lacan ubica como una traducción. Lacan, para referirse al dasein heideggeriano, prefiere mantener el alemán, así como prefiere el griego epojé. El être-la es una producción que suele ser traducido como presencia. Así lo remarca cuando dice que él, el chamuyo filosófico, no encarna esta presencia, y repite, être-la .

Elegimos entonces traducir être-la como estar - ahí, siguiendo además a Kusch, porque de alguna manera nos da, a nosotros, hispanoparlantes, una pista de lectura sobre el dasein heideggeriano. La modestia entonces, aludida por Lacan (être-là como presencia), podría ser tomada como una operación de otra índole. Heidegger, en "Ser y tiempo" dirá: *"El ente que se muestra en él para él, y que se comprende como el verdadero ente, se interpreta por ello respecto al presente, es decir, se concibe como presencia."*

Es esta presencia la que introduce la palabra griega aletheia. Aletheia se traduce como desocultamiento, pero mantiene el ocultamiento; es decir, no puede pensarse el desocultamiento sin el ocultamiento. Para los griegos, la verdad era aletheia. La verdad se mantenía en estado de ocultamiento y era por acción del filosofar que ella se desocultaba. No era otra cosa lo que hacía

Sócrates, y es por eso que va a llamar a su método "Mayéutica" tomado del oficio de su madre, que era partera.

Ahora retornemos a Freud y su proceder. Parado entre Brüke y Goethe, Freud escucha, le presta el oído a las histéricas inaugurando un método que va a contrapelo de los métodos científicos, y Freud se declara impotente: es por culpa del objeto. Parado entre Brüke y Goethe, Freud dirá que su objetivo es hacer consciente lo inconsciente, y por el otro, dirá que hay algo que siempre permanecerá oculto: núcleo patógeno, ombligo del sueño, roca viva de la castración. Del inconsciente, sólo podemos conocer sus retoños. Ambas posiciones parecen antagónicas; mirado desde la ciencia, el método apunta a traer a la esfera de la consciencia lo que ha caído en un cono de sombra; es más, desde un punto de vista materialista aquello inconsciente no sería otra cosa que materia que aún no ha podido ser descubierta por no tener los métodos (o la tecnología) adecuados. El psicoanálisis vendría a ser ese método. Mirado desde la perspectiva romántica, siempre habrá una oscuridad donde las pasiones anidarán y conspirarán contra la voluntad moral del hombre. Ambas posiciones coexisten en Freud; Freud mismo parado en el borde, Freud mismo habitante de la orilla.

Capítulo 3
Los diagnósticos y el lastre médico del psicoanálisis

Estamos en el momento de la invención del psicoanálisis; sin embargo no estamos haciendo historia; el psicoanálisis y la historia, con el método histórico no se llevan muy bien; es algo consecuente con lo que sucede en un análisis. Ya cuando Freud desplaza la teoría de la seducción por las fantasías infantiles, está poniendo la historia del sujeto entre paréntesis. Que un análisis acueste siempre a un hijo en el diván, no significa que en el decir el analizante deba reconstruir su historia, no es buceando en el pasado cómo la verdad asoma[23]; la práctica del análisis se trata de otra cosa, esa cosa que de alguna manera Freud alcanzó a presentar desde el inicio cuando habló de la triple estratificación del síntoma, fundamentalmente la tercera, la de los hilos lógicos. El movimiento ondulante de acercamiento y alejamiento del núcleo patógeno, nos muestra que no se trata de la historia, esa historia que va de un pasado hacia el presente. Hay, en toda experiencia analítica, una subversión de la temporalidad ya que

---

[23] Esa fue una de las diferencias de Freud con Ferenczi, que sí buceaba en la vida infantil del paciente. Ferenczi consideraba que Freud había desplazado demasiado rápido la cuestión del trauma.

se rompe la línea recta que une el pasado con el futuro[24]. En todo caso, el psicoanálisis se lleva mejor con la genealogía, al modo foucaultiano; es decir tomar a la genealogía como una contra-historia al buscar los pasados plurales y contradictorios que modelan un discurso. Hay ahí una operación de resignificación, al modo de los dos tiempos del síntoma, que Freud, ya en 1895, en el Manuscrito K, estableció como fórmula canónica.

Logos y iatría.

Dijimos antes que Freud era médico, que era neurólogo. Avancemos desde ahí para entrar en el campo diagnóstico. Si la psicología en ese momento no existía como disciplina, surge una pregunta: ¿Por qué los alienistas pasaron a llamarse psiquiatras y no psicólogos? Parece una pregunta bastante ingenua y estéril, sin embargo no lo es, y no lo es precisamente por eso que hemos venido sosteniendo, que en la lengua y en la nominación interviene la política y por ende la voluntad de dominación. Un dato sencillo: este seminario corresponde a la currícula de la Facultad de Psicología; si en aquel momento, los alienistas su hubieran nominado psicólogos, esto no estaría sucediendo (nos referimos, claro está al seminario que da origen a este libro), y posiblemente la psicología sería otra de las especialidades médicas. Nunca la elección de un nombre es porque sí. Y esto vale para los nombres propios. Hubo una época, la época de Dante Alighieri, donde se discutían estas cosas; Dante lo resumió de la siguiente manera: *nomina sunt consequentia rerum*, El nombre es consecuencia de las cosas. Dante lo creía de tal manera que cuando se cruza en la calle con su amada Beatrice, dice que no podía llamarse de otra manera, pues era la beatitud caminando. Hoy es casi del sentido común que los nombres no son consecuencia de las cosas; sin embargo no

---

[24] No está de más aclarar que este modo de pensar el tiempo, es un modo occidental, europeo.

siempre fue así. En la época de Dante, al momento del bautismo, el nombre del niño o niña, era soplado por Dios. Lacan hablará sobre esto en la sesión del día 8 de marzo de 1977, porque de lo que se trata es precisamente de los nombres propios, no de los nombres de cualquier objeto. Tal vez por eso los nombres propios no se traduzcan.

Entonces, el pasaje de alienistas a psiquiatras, tiene un por qué. Vamos a dejar a Freud entonces, y después volveremos a él.

Para dar cuenta de este pasaje, nos detendremos en un detalle que suele pasarse por alto: dentro de las especialidades médicas, tenemos dos categorías bastante diferenciadas; por un lado aquellas especialidades circunscriptas a un sistema: cardiología, neurología, urología, etc ya puede verse al logos metido por ahí. ¿Qué es lo que tienen en común estas especialidades? Se trata en cada caso, de un saber sobre un sistema. Y por otro lado tenemos otro grupo de especialidades médicas: pediatría, geriatría, psiquiatría. Aquí, si se presta atención, puede verse que el logos desaparece, es decir, no hay saber. No son especialidades que se basen en un saber, pero además, no hay sistema. Entonces, si logía apunta a un saber, iatría, ¿qué significa? Iatría significa acto, pero no cualquier acto, sino el acto médico. La definición de iatría dice lo siguiente: *"Elemento sufijal de origen griego que entra en la formación de nombres femeninos con el significado de especialidad médica"*. En esta definición se deja caer la idea de acto que rodea a iatría, sin embargo nos lleva a la especialidad médica manteniendo en el misterio por qué iatría y no logía. En otra definición encontrada on line puede leerse: *"Suf. Componente de palabra procedente del griego iatreia que significa curación"*. Aquí sí nos encontramos con el acto médico. Iatría entonces está íntimamente ligada a la medicina, al acto de curar

Entonces, tenemos por ejemplo que la pediatría sería ese acto médico sobre una franja etaria de la población, no sobre un sistema determinado; del mismo modo la geriatría. Y ahí nos topamos entonces con la psiquiatría. Se trataría de un acto médico, es decir una praxis, pero aquí no tenemos una franja etaria, y tampoco tenemos sistema, ¿qué tenemos? Tenemos psi, ¿y qué es psi? Por más que queramos escaparnos de los griegos, lo griego nos persigue, porque psi es alma, es espíritu.

De esta manera, los antiguos alienistas, no podían llamarse psicólogos, porque no había ningún sistema psi, sobre el que pudiera constituirse un saber, no tenían ningún aparato que ofrecer en el banquete descuartizador del cuerpo humano. Pero esto no resolvía el problema, más bien inauguraba otros, por ejemplo, qué modelo científico aplicar al tratamiento de la locura, al tratamiento de los alienados. Si antes la locura era llamada alienación, y era un problema moral; ahora, si se trata de una práctica médica, ¿qué tipo de problema médico era la locura? Así es como la naciente psiquiatría se irá acercando a la neurología y tomara su modelo neuronal como modelo explicativo para su iatría cotidiana. La locura entonces pasará de ser un problema moral, a un problema nervioso. Ese acercamiento no será sin consecuencias, consecuencias que llegan hasta hoy por supuesto. Hay una película llamada Nise, que es sobre una psiquiatra brasilera; y hay una frase al inicio mismo del film que es bastante impactante porque no es una historia muy lejana en el tiempo. El film comienza con Nise Silveyra ingresando a un hospital psiquiátrico y sentándose a escuchar una clase magistral, un aporte científico novedoso. El psiquiatra en cuestión está hablando de las bondades de la lobotomía y del electroshock. Y dice lo siguiente: *"con esto, la psiquiatría finalmente se convierte en una especialidad médica."*

Lo que dice es enorme, tremendo; está diciendo que a partir de dichas técnicas la psiquiatría tiene un modelo propio, que se independiza de la neurología porque tendría un modelo explicativo propio. Ya sabemos que nada de eso ocurrió. La psiquiatría fue adhiriéndose a diferentes modelos explicativos, siempre con un pie en la neurología, algo así como su hermana mayor, como dirá Paul Bercherie en su libro *"Los fundamentos de la clínica"*.[25] Luego entonces, surgirá la psicología; ya todos conocen el cuentito: había una vez un señor llamado Wundt, que en 1875 en una ciudad llamada Leipzig... Allí Wundt va a definir a la psicología como la disciplina que estudia la consciencia. La psicología, para Wundt, partirá de la fisiología, es por eso que su laboratorio será de psicología experimental. Finalmente, el psicoanálisis que inventa un sistema: el aparato psíquico.

Tenemos entonces tres disciplinas bien diferenciadas que comparten lo psi. Pero si son bien diferenciadas, ¿cómo es que comparten lo psi? ¿Qué será entonces lo psi? Responderemos con Foucacult, pues pareciera que lo psi, no es algo, un aparato; no podría homologarse el aparato psíquico al aparato respiratorio, por ejemplo; no, lo psi sería, según Foucault, una función: *"La función psi está en todos los lados en que es necesario hacer funcionar la realidad como poder"*. Nos quedan de esta definición tres palabras: psi, realidad y poder. ¿Cómo es que lo psi puede relacionarse con el poder? Precisamente a través de la realidad; es decir, lo psi va a nomenclar cómo funciona la realidad, o mejor aún, va a fabricarla, con lo cual, la aparición del término psi en estas disciplinas – se percibe que todavía no se nombró a la psicopatología – las une, las hermana en un dispositivo de poder. El psicoanálisis, en tanto no se desprenda de lo psi, difícilmente podrá escapar a ese destino, el de ser un engranaje del poder. ¿De qué poder hablamos? El de regular el uso de los placeres y los goces, dirá Foucault, y aquí lo acompañamos. El psicoanálisis, a través de su bagaje teórico, de sus nomenclaturas y clasificaciones se sumó al orden jurídico, una de cuyas patas es el discurso médico.[26] Entonces, ¿qué hacer?

[25] Bercherie, Paul: Los fundamentos de la clínica. Ediciones Manantial, Buenos Aires, 1986.

[26] Para ver un ejemplo concreto de lo que Foucault denomina función psi, y del lugar que termina ocupando el psicoanálisis dentro de dicha función, remito al apéndice 3, donde puede verse cómo el discurso analítico puede ponerse al servicio del poder normatizador. Tiene la ventaja, además, de tratarse de algo ocurrido aquí, en Argentina, hace muy poco tiempo.

¿Abandonar al psicoanálisis? No es nuestra apuesta. Se trata entonces de recuperar la radicalidad de la experiencia freudiana y su retoma lacaniana, dejando caer el lastre normatizante que lleva colgado en su espalda. Así como Freud dejó caer cualquier psicologismo posible, y Lacan vació al sujeto, la apuesta hoy pasa por dejar caer lo psi. Una curiosidad marcada por Jean Allouch[27] nos muestra que lo psi incomoda al psicoanálisis: en lo cotidiano eliminamos el psi, decimos indistintamente análisis y psicoanálisis. Hay una molestia que se traduce en dejarlo caer en el habla; Lo que podría parecer una simple economía de recursos, va bastante más lejos, al menos si seguimos la doctrina freudiana, donde la economía es economía libidinal. Sin embargo, el psi se apodera del análisis a la hora de escribir. Es en ese pasaje a la escritura, donde cierta exigencia obtura el libre fluir de la conciencia, parafraseando a los surrealistas; es ahí donde el que escribe se afirma en su saber, es ahí donde aparece el *psi*[28]. Y aparece la psicopatología. Ya nos ocuparemos de ella.

Retomemos ese momento de pasaje de los alienistas a los psiquiatras, porque es allí donde surgirán los diagnósticos, fundamentalmente en las dos lenguas antes mencionadas: el francés y el alemán, constituyendo fuertes escuelas psiquiátricas.

Comencemos por una pregunta: ¿Qué es un diagnóstico? La respuesta de Jasper no puede ajustarse más a nuestro planteo. *El diagnóstico psiquiátrico es una tabla de orientación y por ende no se diferencia de lo que entendemos por clínica psiquiátrica.* Parafraseándolo podríamos decir que se trata de una tabla de salvación, pero, ¿salvación de qué? Es lo que desarrollaremos en el próximo apartado.

El momento de pasaje en el que nos hemos ubicado, es el momento de pretensión de ciencia de la nueva disciplina naciente,

---

[27] Allouch, Jean: Spychanalyse. http://jeanallouch.com/document/41/spychanalyse.html

[28] Gérard Granel, en "Lacan y los filósofos", propuso suprimir el psi de psicoanálisis. Siglo XXI Editores, México 1997.

y como lo afirma Condillac, la ciencia no es más que una lengua bien hecha. Una lengua bien hecha no será otra cosa que una lengua que pueda clasificar lo que ve, es decir, nombrar lo real.[29] Esta fabricación de una lengua bien hecha, no evolucionó de manera unificada, sobre todo en lo que ya se ha planteado: el eje franco-alemán. Comunicadas y enfrentadas, ambas escuelas crearon sistemas clasificatorios diferentes en aquellos primeros momentos. A modo de curiosidad, comentemos un pequeño detalle en este camino de fabricar una lengua bien hecha: El término psicosis fue utilizado por primera vez en 1845 por Von Feuchtersleben. La psicosis, para él, era una enfermedad del alma, mientras que la neurosis una enfermedad del sistema neuronal. Lo contrario a lo que se considera hoy. Si repasáramos las primeras gnoseografías freudianas, podríamos ver que algo de eso se mantenía: él hablaba de neuropsicosis y de psiconeurosis. Nos hemos acostumbrado a no prestarle importancia a esas nominaciones, pero una lectura un poco más detenida, nos mostraría que algo de la diferente etiología se ponía en juego.

Más allá de las diferencias entre ambas grandes líneas de la psiquiatría, hay un punto de no discordancia: clasificar. Los diagnósticos, más allá de sus diferentes miradas, son clasificaciones, tipologías. La creación de tipos implica un nivel de generalización que haga posible dicha nominación, La construcción de esos tipos pueden ser más o menos complejas, como por ejemplo ahora en los DSM que se tienen que reunir una tal cantidad de características para definir un tipo de trastorno (lo que no es tan diferente a la combinatoria de síntomas para conformar un síndrome). Pero más allá de la simplicidad o complejidad, más allá de lo refinado del artificio, el resultado no varía: genera un tipo; es decir, un universal

---

[29] Aquí, lo real no tienen nada que ver con el Real lacaniano; lo real se refiere a la naturaleza, razón por la cual, las ciencias eran ciencias naturales. La trampa de esta pretendida objetividad científica, es que el nacimiento de la ciencia moderna, cuyo representante sería Newton, es que para poder enunciar leyes naturales, tuvo que inventar artificios, es decir, una situación inexistente en la naturaleza; nos referimos a la cámara de vacío que le permitió enunciar la ley de la inercia.

(aquí las categorías lógicas se retuercen un poco, porque en realidad se debería decir un particular dentro de un universo; sin embargo, un universo no encierra a la totalidad, como supo enseñarnos Borges, con su "libro que contenga todos los libros"). Decir un universal, implica aquí, para nosotros, un tipo, un diagnóstico, por ejemplo: paranoia. Deberíamos aclarar cómo se construye, cuál es el método. El retorno pineliano al método hipocrático, significó poner el acento en la observación, lo que implicaría el uno por uno; sin embargo, de la sumatoria de observaciones, comienzan a aparecer similitudes, y entonces el salto, el método inductivo: de la repetición a la universalización. A partir de ese momento, de la creación del tipo (por ejemplo paranoia), ¿qué se observa? O mejor, ¿qué se busca al observar? De esta manera, podríamos afirmar que la paranoia antecede al paranoico: la nominación crea, y domina, pues lo nominado deviene objeto de un saber. En este modo clínico, no hay lugar para la singularidad. Sostener la singularidad, implicaría regularse por lo diverso. Lacan se detuvo a reflexionar sobre lo diverso y el universo, y para ello tomó un fragmento de Heráclito – el 64 – donde se dice que el relámpago rige al universo. Lacan de alguna manera retomará la lectura heideggeriana de dicho fragmento que sustituye "universo" por "todos". De esta manera, el relámpago rige los todos, un todos que no reenvía a un universo sino a lo diverso. Ese 2 de noviembre, Lacan alude a los tipos clínicos mientras reflexiona sobre lo diverso: *"La vieja clínica. Con la creación de tipos clínicos, desatendió lo diverso – que era de lo que pretendía dar cuenta – y no hizo más que obliterar"*.[30]

¿Por qué la experiencia analítica debería regirse por lo diverso? Porque en un análisis se trata de la *"cosa"* de cada analizante y no de él. Identificar a ese analizante con un tipo, implica alejar su cosa, volverla inalcanzable, y derivar el análisis hacia una ontología, donde a pesar de los esfuerzos, se pierde la singularidad.

---

[30] Lacan, Jacques. Intervención en el Congreso de la Escuela Freudiana de París, en La Grand Motte, noviembre de 1973.

Ya es aceptado que Pinel sea considerado el punto inicial, el punto de partida de la clínica psiquiátrica; él será en realidad la máxima expresión de un movimiento iniciado poco antes por Sydnham que será el movimiento de retorno al método hipocrático, es decir, al método clínico, lo que no significa otra cosa que la observación, reemplazando el dogma explicativo. Esto quiere decir que Pinel construyó su primera gnoseografía a partir de la observación; una clasificación surgida del síntoma. Esto le sirvió para diferenciar las locuras sintomáticas y las idiopáticas. De allí dos métodos: por un lado el método expectante, donde el médico debe abstenerse lo más posible de intervenir, como no sea para ayudar a la naturaleza a curar el síntoma; por el otro, el tratamiento moral, donde el medio ambiente jugará un papel fundamental; es por eso que surgen las instituciones para alienados, donde, alejados del medio mórbido, el alienado pasará a vivir en un orden regido por la ley médica. Esto lleva a Pinel a oponerse a la opinión de la época sobre la incurabilidad de la locura. Para él, en la locura el cerebro no está dañado, sino la mente desviada, alterada en su funcionamiento; de ahí la importancia que le da al tratamiento moral. Esta posición lo llevó a enfrentarse a Bichat y la anátomo-patología, y en ese enfrentamiento se jugó de alguna manera el destino de la naciente psiquiatría. Si bien Pinel tuvo discípulos como Esquirol, el avance de la anatomo- patología hizo que otra disciplina como la neurología alcanzase un mayor desarrollo. En definitiva se trataba de una pugna por el control de las enfermedades "nerviosas". Y la naciente psiquiatría no tuvo más remedio que avenirse al poder de la neurología que como ya hemos señalado, tenía un sistema de referencia. Quizás no sea casual que sea de la psiquiatría, todavía incipiente, de donde surgiera un sub campo que no le podría ser arrebatado: el de la sexualidad. Así, al cuerpo anatómico y al cuerpo neurológico, es decir, al cuerpo que responde a estímulos organizados, cuerpo reflejo, le siguió, como un nuevo campo a conquistar, el cuerpo sexual que, por reconocer la inscripción de algo otro que lo desviaba del reflejo se lo hizo entrar en la vía discursiva para hacerle decir la verdad sobre el sujeto, pero sin perder de vista a la biología como modelo explicativo, es decir, sin apartarse de las ciencias naturales. Entonces a las clasificaciones de enfermedades mentales, le siguieron las clasificaciones de las desviaciones sexuales. Con el surgimiento del psicoanálisis, la psiquiatría quedó, de alguna manera, apresada entre dos modelos, el neurológico y el psicoanalítico. Pero no vayamos tan rápido, pues si hemos mencionado a Pinel, como el iniciador de lo que luego sería la escuela francesa, hay que nombrar a Griesinger como el fundador de la escuela alemana, y que será importante para nosotros, porque tuvo influencia en el pensamiento de Freud. A él le debemos el primer tratado de psiquiatría ya que a diferencia de antecesores que sólo escribieron artículos luego reunidos en libros, el tratado de Griesinger se halla dividido en secciones (consideraciones generales, semiología, etio patogenia, formas clínicas, anátomo patología, pronóstico y tratamiento), lo que significa el esfuerzo de construir una lengua bien hecha, es decir, hacer ciencia. Además, a diferencia de Pinel, Griesinger se apoyará en las primeras conquistas de la neurología, y planteará una gnoseografía basada en la monopsicosis; es decir, las diferentes enfermedades mentales no serán más que la evolución de una misma enfermedad. La actividad psíquica, será concebida por Griesinger en función del arco reflejo: la percepción como punto de partida, y el acto motor como punto de llegada. Puede verse aquí, la base de lo que será el primer esquema del funcionamiento del aparato psíquico freudiano; es más, toda la explicación economicista de Freud, parte de esta idea. Sin embargo en el tratamiento de la locura, Griesinger seguirá la tradición pineliana del tratamiento moral.

Para seguir el rastro de las influencias de Freud, debemos mencionar a Herbart que consideró a la conciencia como un lugar, dejando fuera de ella segmentos enteros de la actividad psíquica;

segmentos dispuestos a invadir la conciencia (esa será la tesis sobre la paranoia de Kraft-Ebing.

Las concepciones más originales de la escuela alemana, girarán en torno a la locura sistematizada de Griesinger, y la retoma del término paranoia, realizada por Kahlbaum.

En 1883 aparecerá la primera edición del compendio de Kraepeling que no es otra cosa que una compilación sindromática que divide las enfermedades mentales en agudas, periódicas, crónicas y deteriorativas, siguiendo el eje diacrónico de Griesinger. A partir de ese momento, Kraepeling fue publicando diferentes ediciones en cada una de las cuales presentaba importantes modificaciones. En la quinta edición, aparecida en 1896, retomando a Kahlbaum, rechaza la clasificación de psiconeurosis pues los considera simples síndromes clínicos que pueden pertenecer a diferentes enfermedades, con lo cual desaparecen los últimos rastros de Pinel y Esquirol en la psiquiatría alemana.

Del otro lado de la frontera, la escuela francesa tendrá en Falret un digno representante del cual rescataremos una frase quizás insignificante pero que nos resultará de importancia para nosotros por los efectos a posteriori: *"El alienista no debe reducir su papel al de simple secretario del alienado"*. Falret también apoyará el tratamiento moral pineliano, entendiendo este como un apoyo en la parte sana del psiquismo para ayudar a detener el avance delirante que invade la conciencia (aquí resuenan las teorías del psicoanálisis del Yo, que plantea la alianza con el yo sano). El edificio teórico de Falret se construye en base al enfrentamiento con la tesis de la momomanía de Griesinger.

Vamos a detenernos aquí porque no nos interesa realizar una historia de la psiquiatría, algo muy interesante pero que excede los objetivos de este libro. Y vamos a detenernos aquí por una razón muy simple, porque al decir que el edificio teórico de Falret se construye en la negación del edificio teórico de

Griesinger, podemos ver el alcance de la frase de Condillac sobre que la ciencia no es más que una lengua bien hecha. Se observa "lo mismo", sin embargo se llegan a diferentes conclusiones; el alemán y el francés, no serían entonces sólo diferentes idiomas, sino también diferentes modos de expresar lo que se ve. O tal vez debamos rendirnos a la evidencia de que se "ve" según la lengua que opera en nosotros.[31] Decir que la lengua opera, es decir que la lengua nomina, y al nominar da existencia, en el mejor sentido bíblico: "*Y Dios procedió a decir, llegue a haber luz. Entonces llegó a haber luz.*"[32] No es que creó y nombró, sino que al nombrar creó. Del mismo modo, ¿cómo "ver" a un paranoico antes de que la paranoia existiera? ¿No ocurrirá del mismo modo con los diagnósticos, que al crearlos le damos existencia? La repuesta parece obvia, luego del enfrentamiento entre Russel y Wittgenstein; sin embargo, esta obviedad pareciera ser pasada por alto, y al menos en este caso, con efectos negativos[33]. Detengámonos un momento y retomemos la disputa Russel- Witgenstein: Russel era el profesor de filosofía en Cambridge. Según cuenta la leyenda, un joven Wittgenstein ingresa al aula con la clase ya empezada y alcanza a escuchar: *"por eso podemos decir que no hay un elefante en la sala"*. Se dice que Wittgenstein lo inerrumpió (algo para nada frecuente en los claustros de Cambridge) y le preguntó que cómo podía estar tan seguro de su afirmación. El profesor, casi con una sonrisa irónica le indicó que mirara atentamente la sala, a lo que Wittgenstein habría respondido que no era necesario mirar nada, pues al nombrar al elefante, ya le estaba dando un lugar en la sala. Puede verse que la lógica de Wittgenstein sigue la del Génesis, al nombrar se da existencia. Pues bien, si luego de una

---

[31] Ver Apéndice 1

[32] Génesis.

[33] Decimos efectos negativos, porque en general lo que suele resultar negativo para el progreso del pensamiento, es la aceptación de lo obvio. Obvio significa delante de los ojos; delante del camino, es decir, lo obvio es lo evidente a simple vista; cuando el camino está delante de los ojos, seguirlo es lo más simple, pero al hacerlo, perdemos de vista la posibilidad de seguir otros caminos posibles.

larga observación, definimos como paranoia a cierto conjunto de síntomas, ¿no empezaremos a hacer existir paranoicos?

El Psicoanálisis, un acontecimiento

La aparición del psicoanálisis no fue indiferente al mundo psiquiátrico, Para bien y para mal, la novedad freudiana significó una bisagra, y esa bisagra pasó a llamarse psicopatología, pero no fue una creación ex nihilo, ni un acto divino. Fue algo que sucedió de manera casi silenciosa, podría decirse. El inicio fue la incorporación de la psicodinámica en el punto de vista psiquiátrico. Es así que pueden verse grandes novedades en las ediciones del manual de Kraepeling posteriores a 1900. Pero tal vez, el mayor acercamiento entre psiquiatría y psicoanálisis, se produjo con la escuela de Zurich; es decir, Bleuler y Jung. Pero decir acercamiento implica decir también alejamiento. Podríamos ubicar aquí, uno de los más importantes fracasos de Freud; mientras que la intención de su alianza con Jung era la de conquistar la psiquiatría para el psicoanálisis, lo que ocurrió fue, a mediano plazo, lo contrario; una creciente medicalización del psicoanálisis. Basta leer la correspondencia de Freud con Jung para corroborar lo dicho, y más aún, basta leer los esfuerzos de Freud por seducir a Bleuler, y el posterior enojo al no conseguirlo. En este acercamiento y alejamiento, quizás nos sirva de ejemplo lo ocurrido alrededor de algo que en manos de Bleuler se transformó en una patología y que en Freud no lo era: nos referimos al autismo. El día 15 de octubre de 1908, Freud le escribe a Jung comentándole que Bleuler y su esposa habían cenado en su casa: *"Rompió una lanza a favor de la sexualidad infantil, a la cual se oponía aún hace dos años sin comprensión alguna. Luego cayeron ambos sobre mí, diciendo que debería sustituir el nombre de sexualidad por otro (modelo: autismo); entonces cesarían todas las resistencias y malentendidos. Yo dije que no creía que ello obtuviese tal resultado, por lo demás*

no me pudieron mencionar otro nombre mejor. Freud escribe:
modelo: autismo. ¿Cuál es el modelo? El de quitarle la sexualidad
al autoerotismo y transformarlo así en autismo. Es interesante
entonces porque el autismo no nace con Kanner, sino de la
disputa entre Freud y la escuela de Zurich por la desexualización
del psicoanálisis. El autismo, devenido en "patología infantil",
no será otra cosa que el autoreotismo (fase de la evolución de
la libido en Freud) deserotizado. Este ejemplo nos sirve para
pensar el encuentro desavenido entre psicoanálisis y psiquiatría;
encuentro del que no podemos hacernos los distraídos, pues de
ahí nació la psicopatología: es decir, clasificaciones psiquiátricas,
con etiologías psicoanalíticas. El punto en todo esto es que en
vez de psicoanalizarse la psiquiatría (como era la pretensión de
Freud), se medicalizó el psicoanálisis ¿Por qué? La respuesta es
bastante simple: porque una clasificación – como hemos dicho
más arriba - implica la creación de un "Tipo", con lo cual se borra
la singularidad de la que está hecha la experiencia analítica, y será
precisamente el análisis como experiencia el que se perderá.

Volvamos a Freud.

Freud médico, Freud neurólogo, Freud pobre. Freud
volcado a la clínica neurológica, Freud volcado a la clínica. En ese
campo fecundo que llamamos clínica es donde se cruza con las
histéricas, problema para todo aquel que se consideraba médico.
No parecía un problema de la neurología, pues sus parálisis no
respondían a la fisiología; eran entonces un problema para la
psiquiatría, la hermana menor, porque en definitiva, tal como lo
planteara Binet en su momento, la histeria era un problema de
simulación, la histérica era una simuladora, serial podríamos decir
ahora. Entonces, el neurólogo pobre, lanzado a la clínica, se topó
con la histéricas, y con obsesivos, y con... en fin, con toda la
escuela alemana de psiquiatría y sus clasificaciones diagnósticas.
Freud partió de ahí, de diagnósticos finamente trabajados. Resulta
interesante recordar el seminario sobre las psicosis, donde Lacan

disecciona la descripción que hace Kraepelin sobre la paranoia
y dice que le llama la atención que siendo tan buen clínico, lo
que significa siendo tan buen observador, porque un clínico era
básicamente un ojo agudo que leía con precisión los síntomas,
se confundiera a punto tal de hablar de proceso. No hay ningún
proceso; podríamos imaginar a Lacan levantando la voz y
golpeando con el puño el escritorio, y luego bajando la voz: lo
que hay es ruptura, algo se rompe, no se trata de un proceso.
Si seguimos a Freud, podemos ver cómo va a ir refinando su
gnoseografía: neuropiscosis de defensa, psiconeurosis, neurosis de
transferencia, neurosis narcisistas hasta llegar a la triada neurosis,
perversión, psicosis.

Nacido el psicoanálisis como una praxis médica - en el caso
Elizabeth por ejemplo, Freud va a hablar de lo que hace como
un método auxiliar – le llevará un tiempo independizarse de la
medicina, pero, ¿podríamos afirmar sin ponernos colorados que
se independizó totalmente? Antes de quitarnos el rubor demos
algunas otras precisiones: si teníamos tres psi, vino a sumarse una
cuarta, y que nacerá precisamente del encuentro de la psiquiatría
y el psicoanálisis. La psicopatología es un engendro, no es ni
psiquiatría ni psicoanálisis, ni psicología, no es ninguna de las
tres pero no es sin las tres; al decir engendro no decimos nada
malo en sí mismo, entonces hay que precisar: psi, otra vez esa
nebulosa ganada para el discurso médico, y patología. Queda
claro entonces que si bien surge de la intersección de la psiquiatría
y el psicoanálisis, claramente se trata de algo venido del discurso
médico, pues se trata de patologías, de descripciones sintomáticas
y estructurales, pero de patologías al fin y al cabo. ¿Y cuáles son
las patologías que se encuadran en la psicopatología? Básicamente
dos: las mentales y las sexuales. Si bien la psiquiatría no encuentra
un sistema, como ya se ha dicho, toma como modelo a la
neurología, entonces todo el cuerpo es terreno de apropiación. El
cuerpo sexual será uno de los últimos a conquistar. La sexología
surgirá como una rama de la psiquiatría que se dedicará a estudiar

las desviaciones a la norma, que no es otra que la reproducción. De ahí, el libro de Kraft – Ebing "Psychopatias sexualis". Vamos a detenernos aquí, porque suele tomarse esta cuestión muy a la ligera: cuando se dice que la norma es la reproducción no hay ahí ningún juicio de valor moral; se trata simplemente de una cuestión fisiológica y filogenética: se tata del mantenimiento de la especie. Que después, eso se transforme en una herramienta de dominación sobre los placeres y los goces, es otro asunto. Es que precisamente, lo que Freud va a descubrir con su noción de pulsión, es que la sexualidad humana no es igual a la animal, y por ende, la norma no juega un papel preponderante, lo que sería un equivalente a decir que toda la sexualidad humana está desviada.

Muy temprano, Freud comienza a borrar la frontera entre lo normal y lo patólógico: Psicopatología de la vida cotidiana, El chiste y La interpretación de los sueños nos dicen algo de esto. La aparición de la primera tópica también, pues a partir del cap. 7 de la *"Traumdeugtung"*, la fórmula canónica del síntoma tiembla en su estructura: la división será estructural. El aparato psíquico no necesita de esa vivencia sexual traumática infantil para dividirse. Sabemos incluso que, en este sentido, con la segunda tópica va más lejos: al principio somos puro ello, y del ello surgen tanto el yo como el súper yo. Resulta interesante resaltar lo siguiente: la fórmula canónica del síntoma, Freud la escribe en una carta a Fliess en 1895, casi dos años antes de otra carta a su amigo, la del 21 de setiembre de 1897, donde le comunica que ya no cree en su neurótica. Es allí donde Freud le da entrada a la fantasía infantil y prepara el terreno a lo que será la piedra angular del psicoanálisis: el complejo de Edipo. Sin embargo hay algo más que decir; No es que Freud deje caer la teoría de la seducción por la fantasía infantil; no, lo que sucede es que con la fantasía infantil, Freud reacomodará las fichas en el tablero de manera diferente. La vivencia sexual traumática infantil, si sucedió, cobrará valor après coup, por el recuerdo, por las fantasías que se liguen a ello. Luego de la aparición de esos tres textos fundadores (psicopatología, el chiste y la interpretación), Freud publica "Tres ensayos para una teoría sexual" y allí ocurre algo novedoso. Freud toma el libro de Kraft – Ebing, respeta la clasificación hecha por él, pero le da un giro inesperado al modificar la etiología: ya no se trata de degeneración (la teoría más aceptada en la época, sino de un desvío. El término *abirrung*, utilizado por Freud para titular el primero de los tres ensayos, es traducido por aberraciones; sin embargo, otra acepción es posible: desvío. Freud reconoce entonces que hay una vía central del deseo sexual (regido por la filogénesis), pero también existen desvíos, desvíos con respecto al objeto y con respecto al fin. La lógica de la psiquiatría es subvertida; y sin embargo, pareciera que no se sacan consecuencias de ello, lo que no será sin efectos para el devenir del psicoanálisis. Tampoco pareciera que se sacan consecuencias de que precisamente allí Freud expresará una idea fundamental del psicoanálisis: que el objeto es lo más variable de la pulsión, es decir, que la pulsión no tiene objeto[34].

La mera aparición de la tópica freudiana debería alejarnos definitivamente de lo patológico, debería servirnos para desprendernos de la psicopatología, pero no, ahí sigue pegada a nosotros, la seguimos llevando en nuestro bolsito de herramientas. Por supuesto que Freud contribuyó a ello creando su propia gnoseografía, pero Freud era médico, como diría Lacan, era un médico que inventó una disciplina subvirtiendo la lógica del discurso médico, pero nunca se alejó del todo de dicho modelo. Esa psicopatología no es otra cosa que el lastre médico que arrastra el psicoanálisis. Le demos una vuelta más: Cómo es que el psicoanálisis se llama psicoanálisis. Otra vez la medicina, la neurología y el juramento fisicalista: la palabra análisis le viene a Freud de la química, y más precisamente de la química analítica. De eso se trata, el análisis desagrega, separa. Lo

---

[34] Cuando decimos que no se sacan consecuencias, decimos que a pesar de que eso es repetido y repetido, la consideración de la homosexualidad como perversión o el transexualismo como psicosis, se sostuvo dentro del campo freudiano mucho tiempo.

mismo que hace el químico con las moléculas, hace Freud con los sueños; sin embargo, algo pasará que lo terminará separando del credo fisicalista al cual había adscripto: cuando el químico desagrega, separa para investigar, al volver a unir, el resultado será el mismo, es decir, la molécula de agua se desagrega en hidrógeno y oxígeno: H_2O, cuando se vuelve a unir, otra vez se trata de agua; en cambio, cuando Freud separa los elementos del sueño, llega a las ideas latentes, y por lo tanto, otro sentido aparece; entonces al volver a armar, ya no se trata del sueño tal como fue relatado, ya es otra cosa, esa otra cosa es la que no será aceptada por el discurso médico, esa otra cosa que remite a cierto ocultismo: cuentito científico fueron las palabras que usó Kraft-Ebing al terminar de escuchar su comunicación sobre un caso de histeria masculina. Esa oposición entre luz y sombra será lo que separará a la medicina del psicoanálisis; sin embargo, esa pretensión de ciencia lo llevará a no separarse definitivamente del discurso médico. Por más estructural que se lo intente, la psicopatología será ese lastre médico, ese cordón umbilical que tanto cuesta cortar, tal vez por el miedo a no ser considerados serios. Cuando Lacan está girando sobre sus propias concepciones, cuando empieza a topologizar sus tres registros, va a Roma y en su tercera dice que es un payaso, que sean payasos, que el psicoanálisis es una estafa, etc es decir, a partir del nudo borromeo, Lacan comenzará un camino que no terminará porque la muerte va a terminar con él, es el camino de romper definitivamente con las ataduras a cierto discurso[35]. Dirá que el psicoanálisis es intransmisible, dirá que a aquel que demanda análisis hay que llamarlo psicótico pues significa que cree en esa cosa totalmente loca llamada inconsciente, dirá que todos somos psicóticos y algunos hacemos síntomas neuróticos, dirá que todos somos habitados por el lenguaje, y si todos somos habitados por el lenguaje, que diferenciaría a un llamado neurótico de otro

---

[35] Ese intento puede verse en el seminario El sinthome donde el nombre del padre ya no sería el anudamiento privilegiado, sino uno posible. Esa pérdida de centralidad del nombre del padre implica desestabilizar la estructuras clínicas.

llamado psicótico. Es cierto – como plantea Allouch[36] – que el mismo Lacan contribuyó a dar cuerpo, consistencia y valor a las tres entidades clínicas, pero también es cierto – como también lo afirma Allouch – que dicha empresa fue perdiendo cuerpo en su enseñanza porque Lacan (y esto queda muy claro en el seminario sobre el acto analítico) va a deslizar lo que entiende por clínica analítica hacia el analista; es decir, la clínica analítica interroga al analista; el analista es allí el objeto.

La aparición de los nudos en la enseñanza de Lacan implicó un giro radical aunque gradual (tal vez sea esa gradualidad la que no permitió detenerse demasiado en dicho giro y no sacar consecuencias de ello) que culmina con su afirmación en Caracas poco tiempo antes de morir: *"Mis tres no son los tres de Freud"*. ¿A qué se refiere? Los tres de Lacan son Real, Simbólico e Imaginario, y los de Freud, ¿cuáles serán? ¿Los de la primera tópica, consciente, preconsciente, inconsciente? ¿Los de la segunda, Ello, Yo y Super yo? No lo sabemos; sin embargo de esa no coincidencia, podemos sacar algunas consecuencias. La primera es que esta afirmación de discordancia, da consistencia a su l'unebevue, en tanto l'unebevue pretende ir más lejos que el inconsciente.[37] Si se va más lejos que el inconsciente, si l'unebevue desplaza al inconsciente, ¿qué lugar para la tríada freudiana en el parlêtre? La segunda es que la tríada freudiana se ubica en un dualismo, pues la tríada se corresponde al aparato psíquico, quedando el cuerpo por otro lado. Es decir, Freud reproduce el dualismo cartesiano; en cambio, la tríada lacaniana es irreductible. El borromeo es el parlêtre, afirmará lacan. Que sea irreductible significa eso: que el tres es la unidad mínima, que el tres es primero.

---

[36] Allouch, jean: Fragilidades del análisis. Revista me cayó el veinte Nº 29. ¿De qué transformación hablamos? Mexico, 2014.

[37] El nudo borromeo apareció formalizado por primera vez en "La tercera" en 1974; allí, lacan dibujará el nudo y le añadirá unos puntos de fuga, o "playas", donde puede verse al inconsciente en la "playa que se ubica entre el imaginario y el simbólico. Este modo de representar el nudo, se mantendrá durante las primeras sesiones del seminario R,S,I y luego desaparecerá.

Diagnóstico y lengua. La cuestión del ser.

Para cerrar este punto, demos una vuelta de tuerca, vuelta que significa volver un poco al primer punto. Veamos. Todas estas clasificaciones diagnósticas han sido realizadas en lenguas que no diferencian entre ser y estar, por lo tanto, los diagnósticos son cosificadores en tanto cristalizadores; de esta manera, un diagnóstico se incorpora como una característica del ser. Pensemos en algo muy sencillo. Fulano es homosexual. El ser lo tiñe todo; algo muy restringido de la vida de un sujeto, como sería su elección sexual, tiñe todo el ser. Ahora, veamos algo que dice Freud en 1920, en el texto sobre la joven homosexual: *Así pues, el enigma de la homosexualidad no es tan sencillo como suele afirmarse tendenciosamente en explicaciones como la que sigue: un alma femenina y que, por tanto, ha de amar al hombre, ha sido infundida, para su desgracia, en un cuerpo masculino, o inversamente, un alma masculina, irresistiblemente atraída por la mujer, se halla desdichadamente ligada a un cuerpo femenino. Trátase más bien de tres series diferentes: 1: caracteres somáticos (hermafroditismo físico). 2: caracteres sexuales psíquicos (actitud masculina, actitud femenina). Tipo de elección de objeto. Estas tres series varían con cierta independencia y aparecen en todo individuo diversamente combinados.*

Puede verse, Freud está bastante alejado de la patología. No habría entonces una cuestión - al menos para Freud, y debería serlo también para el psicoanálisis - de identidad en juego, no habría un SER homosexual; o para decirlo de otra manera, no se pondría en cuestión una cualidad del ser en la elección de objeto. Ahora, llegados a este punto, hay que ser muy precisos, pues son las faltas de precisiones las que generan malentendidos, lo que estamos diciendo es que para el psicoanálisis – y reivindicamos la definición de psicoanálisis de Lacan: psicoanálisis es lo que se dice en un análisis – no se trata de una cuestión del ser, no se trata de que el psicoanálisis explique la homosexualidad; no, si el psicoanálisis es lo que se dice en un análisis, hay que restringirse a eso, porque el psicoanálisis no es un modelo explicativo del mundo, el psicoanálisis es otra cosa, una cosa que a falta de algo mejor, denominamos experiencia; sin embargo, mientras no se saque el lastre médico de encima, no podrá sacarse la mirada psicopatológica. Y al decir que el psicoanálisis no es un modelo explicativo, decimos que la posición del psicoanálisis no colisiona con aquellos que, militantes, por ejemplo de las comunidades lgtb hacen de la identidad una herramienta de lucha.

Es muy importante no mezclar los registros. La identidad como herramienta de lucha política es algo muy diferente a la idea de identidad que podemos desarrollar en la clínica. Mal podríamos hablar de un psicoanálisis situado si negamos la noción de identidad; mal podríamos plantear la necesidad de pensar la decolonialidad si negáramos la noción de identidad. La noción de identidad es problemática, incluso dentro de las comunidades lgtb; incluso dentro del debate político, ya que la noción de identidad está ligada a la idea de nación, o de tribus, o incluso de colectivos; pero así como la noción de sujeto, de objeto, de verdad, son nociones venidas de la filosofía que, en psicoanálisis significan otra cosa, también la noción de identidad, al ser tomada por el psicoanálisis, subvierte su sentido, un sentido que sólo vale para la experiencia analítica.

Sacarse el lastre médico no significa renunciar a toda rigurosidad, significa reordenar las cosas, y en este reordenar es que, quienes practicamos el psicoanálisis en castellano,[38] tenemos un gran aporte por realizar, aporte ligado a eso que decíamos antes, elevar el estar a nivel de concepto. ¿Cómo sería pensar la clínica desde el estar y no desde el ser? Una clínica del estar pone en jaque la noción de identidad. Un mero ejercicio: no es lo mismo decir, está histérico a decir es histérico. A simple vista no es lo mismo,

---

[38] En honor a la precisión, añadimos que practicar el psicoanálisis en castellano, no significa que haya un psicoanálisis en castellano. Sostenemos entonces la pregunta: ¿Cuál es la lengua del psicoanálisis?

pero a eso hay que trabajarlo, hay que fundamentarlo, hay que darle una perspectiva teórica, y es algo que no está hecho.

No es el seminario el espacio para hacerlo, y por ende no es el objetivo de este libro; sin embargo podemos realizar un pequeño avance. Si retomamos el fragmento del seminario de Lacan citado en el punto anterior, podemos ver que su être-là va en la misma dirección que el estar. ¿Cómo tomar ese anuncio de modestia de Lacan? Su operación parece distar bastante de la modestia, pues a nuestro juicio se trataría de una operación de largo aliento, que es posible rastrearla en diferentes momentos de su enseñanza y que se dirá de esta manera: desubstancializar al ser. Perforarlo.

En 1966, en –Ciencia y verdad– dirá: *–Decir que el sujeto sobre el que operamos en psicoanálisis no puede ser sino el sujeto de la ciencia puede parecer una paradoja."* Operación, dice, operación sobre el sujeto de la ciencia.

Leer être-la como estar ahí, no es otra cosa que ir en la misma dirección que Lacan en la operación de desubstancialización del ser: Lacan, en francés, lo hizo a su modo, inventando neologismos, como lo señaló Allouch en su *"Amor Lacan"*.[39]

Desde aquí, desde esta orilla castellana, móvil, podemos realizar operaciones similares con nuestras herramientas. El estar, por su posibilidad de descompletar al ser, es sin duda una herramienta privilegiada, aunque seguramente, no la única. Caminar por la orilla, recoger los restos que deja la marea, limpiarlos, quitarles el lastre, puede ser una tarea riesgosa pero inevitable para mantener al psicoanálisis en la orilla, siempre en la orilla. ¿Por qué riesgosa? Si se trata de desubstancializar al ser, de perforar al ser, la orilla no es otra que la desontologización del psicoanálisis. Ubicarse en la orilla significa asumir el peligro de la marea. La marea de la transferencia.

---

[39] Allouch, Jean: El amor Lacan. Cap XVIII. Coedición de El cuenco de plata y Ediciones Literales. Buenos Aires, 2011.

SEGUNDA PARTE

La transferencia y la experiencia analítica

Decir la experiencia analítica ya implica una determinada noción de la transferencia; si dijéramos la transferencia en el tratamiento analítico, la noción de transferencia tiene otro sentido, o mejor dicho, la transferencia ya es pensada de otro modo. Puede verse entonces que decir tratamiento o experiencia, modifica la noción de transferencia[40], lo que nos lleva a pensar que más que una noción de transferencia, se trata de una posición frente a la transferencia, lo que a su vez significa que la transferencia no puede ser pensada como un concepto. Hoy suele hablarse de la experiencia analítica sin detenerse a reflexionar sobre lo que significan esas dos palabras unidas. ¿Qué decimos cuando decimos experiencia? ¿Qué decimos cuándo decimos tratamiento? No nos detendremos sobre lo que implica decir tratamiento, pues la palabra nos lleva directo a la medicina, al tratamiento médico y al objetivo de todo tratamiento médico: la cura. ¿Se puede prescindir de la idea de cura en psicoanálisis? Difícil, sin embargo, no está de más recordar que no es el objetivo de un análisis, y que precisamente su "eficacia" va de la mano de no proponerse como una terapéutica. El interrogante entonces se desplazaría hacia lo que cura: ¿De qué cura el psicoanálisis? No creemos que pueda haber una respuesta única, en tanto cada analizante podría dar la suya.

---

[40] Podríamos también decir que de acuerdo a cómo pensemos la transferencia, el análisis será un tratamiento o una experiencia.

Decir que el psicoanálisis es una experiencia implica una toma de posición, un pensar al psicoanálisis de una determinada manera; manera que intenta dejar caer el lastre médico que acompañó al psicoanálisis desde su aparición a finales del siglo XIX.

La noción de experiencia tiene una significación equívoca pues a primera vista nos remite a la acumulación. Luego de tanta repetición, un sujeto cualquiera adquiere cierta experiencia en la materia; es decir, adquiere una cierta experticia. Dicho de otra manera, adquiere un saber, un saber muy particular, pues se trata de un saber hacer. Esta idea de experiencia, no nos alejaría lo suficiente de la noción de tratamiento, pues un médico sabe más por la acumulación de experiencia que por lo estudiado en la Universidad, por ejemplo. Hay en esta noción de experiencia, un saber práctico. Cuánto más casos se ven, más se sabe. La experiencia aquí, lleva implícita la acumulación y la repetición. En este punto nos decimos, si la experiencia de un analista se basa en la acumulación de casos, en la acumulación de saberes, ¿qué significado podría tener la recomendación freudiana de que ante cada caso hay que dejar de lado todo saber? No se trata de una formulación retórica, tampoco se trata del tintineo de cada caso es único, pues siempre lo es, también en otras disciplinas; no, la recomendación freudiana tiene un objetivo más lejano, socava la posición del analista, y la socava en los términos anunciados por Lacan en Ciencia y Verdad; es decir, perfora el ser del analista, lo desubstancializa. Ahora bien, si el ser del analista es socavado, desubstancializado, ¿qué queda de él? La función. Ser analista no es otra cosa que ocupar una función. El analista, desde esta perspectiva no es una persona, analista es una función que una persona encarna en determinados momentos: dentro del dispositivo y en determinados momentos. Si Heidegger tomaba al ser como aletheia, podríamos decir que la función analista funciona con la misma lógica: aparece y desaparece. Y ese movimiento se realiza independientemente de las intenciones de la persona donde se encarna la función. Si tomamos esta perspectiva, podrá entenderse mejor la prosopopeya de Lacan en 1955: *"Yo, la verdad, hablo."* No es Lacan quien habla, sino la verdad a través de él. Quizás, antes de entrar de lleno en lo que entendemos por experiencia, debiéramos aclarar sucintamente algo dicho renglones más arriba; nos referimos a la palabra dispositivo. De claro origen foucaultiano, el dispositivo en psicoanálisis no es tan claro de determinar. A simple vista pareciera que se trata de un consultorio, dos sillones, un diván, dos posiciones: la de analizante y la de analista; y las reglas, pues claro está que las reglas son las que ordenan el funcionamiento del dispositivo. Sólo el ejemplo de Freud atendiendo a Mahler nos sirve para pensar que el dispositivo analítico es mucho menos prefijado que lo esperable. Existen sobrados ejemplos de la gran laxitud que implica la experiencia analítica, lo cual nos da pie a realizar dos afirmaciones: la primera, que el invento freudiano, más que teórico es práctico, en el sentido de que lo que inventó fue un método a partir de una creencia, esa creencia de la que habla Lacan: creer en esa cosa loca llamada inconsciente. La solidez, o la eficacia del psicoanálisis, no pasa entonces por sus formulaciones teóricas sino por una práctica que pone al inconsciente en su centro. La segunda, que el dispositivo son las reglas, reglas que tienden a favorecer la manifestación del inconsciente, es decir, asociación libre y atención flotante. Si nos hemos detenido un poco en esto es porque suele criticarse al psicoanálisis acerca de cierta rigidez y que entonces no serviría para determinadas situaciones ya que el análisis es visualizado y cristalizado en un consultorio y diván. La experiencia de Freud con Mahler demuestra lo contrario.

Si la experiencia no es acumulación de saber o práctica, ¿qué es? Vamos a seguir aquí un cierto tramo del camino de Jorge Larrosa, un pedagogo español que publicó un texto sobre la experiencia de leer; un cierto tramo pues la experiencia analítica no puede igualarse a la experiencia de leer, sobre todo luego de enero de 1963, cuando Lacan inventa el objeto a, y entonces ya no puede pensarse ninguna operación, dentro del análisis, sin que haya resto. Pero antes de llegar a eso, el texto de Larrosa nos sirve para pensar una dimensión de la experiencia que no sólo no tiene nada que ver con la acumulación sino que la desanda, va en dirección contraria.

El texto de Jorge Larrosa, titulado *"Sobre la experiencia"* comienza así: *"El objetivo del texto es demostrar que la experiencia tiene muchas posibilidades en el campo educativo, tanto posibilidades críticas como posibilidades prácticas, siempre que seamos capaces de darle un uso afilado y preciso."* De eso se trata, de darle al término experiencia, un uso afilado y preciso. Y para lograrlo, el autor define a la experiencia con una frase muy simple de la que extraerá una multiplicidad de consecuencias. Va a definir entonces a la experiencia como "eso que me pasa". La experiencia es eso que me pasa. No se trata de eso que pasa sino de eso que me pasa.

Decir eso que me pasa, supone un acontecimiento, y como tal, el eso de la frase define al acontecimiento como algo independiente del sujeto al que le sucede eso. El acontecimiento será algo exterior al sujeto, entendiendo exterior como eso que no depende de la voluntad del sujeto, y más, que sucede a pesar de la voluntad del sujeto. Esa exterioridad al sujeto ya está presente en la palabra misma: la exterioridad está marcada por el ex de experiencia. Es decir que en toda experiencia se pone en juego un principio de alteridad.

El autor continúa con el *"me"* de la frase. Ese *me*, indica que eso que pasa, le pasa al sujeto, es decir no es algo que pasa ante los ojos, delante de él, sino en él. La experiencia supone entonces un acontecimiento exterior al sujeto pero que sucede en él. Esto quiere decir, que el acontecimiento exterior lo afecta. Esto significa que en la experiencia, si bien el acontecimiento es exterior, el lugar de la experiencia es el sujeto. Y si esa experiencia ocurre en el sujeto, ese sujeto sufrirá, como efecto de dicha experiencia, una transformación. Aquí hay que hacer una pequeña aclaración:

para que la experiencia se dé en el sujeto, se precisa de una cierta condición previa, que no es otra que el sujeto se encuentre en estado de abierto, es decir, expuesto al acontecimiento. Esto pareciera ir en contra de lo dicho apenas unos renglones arriba, respecto que la experiencia ocurre a pesar del sujeto; no hay que olvidar que aquí, Jorge Larrosa se refiere a la experiencia de leer, por lo cual, tiene que haber una pre-disposición. Esta predisposición supondrá un sujeto de la experiencia, un sujeto abierto al acontecimiento; este sujeto, dirá, no es el sujeto del saber.

La experiencia es eso que me pasa. Lo que sigue entonces es la palabra *pasa*. La experiencia será entonces un pasaje. Así como la palabra experiencia tiene el *ex* del exterior, también tiene el *per*, que es un radical indoeuropeo para palabras que se relacionan con la travesía. La experiencia entonces se trata de una travesía, lo que implica una salida de sí hacia otra cosa; sin embargo ese salir de sí, no puede significar otra cosa que el estado de abierto, pues ya se ha dicho, que el lugar de la experiencia es el sujeto afectado por el *me* pasa. Eso que pasa, pasa en el sujeto, el pasaje, la travesía se da en el sujeto de la experiencia. Estar abierto a la experiencia supone una travesía, y como toda travesía (¿hace falta recordar la Odisea? Supone un peligro, peligro presente en la misma palabra experiencia, ¿Dónde? En el *periencia*, experiencia en latín sería *ex – periri* ese *periri* es el que da origen a la palabra peligro. Si la experiencia es eso que me pasa, el sujeto de la experiencia sería el territorio de paso, una superficie sensible, donde eso que pasa deja una marca, una huella, una herida. El sujeto de la experiencia no sería, en principio, un sujeto activo, un agente de su propia experiencia, sino un sujeto paciente, es decir pasional. Lo que en palabras de Larrosa sería: *"O dicho de otra manera, la experiencia no se hace, sino que se padece. A este segundo sentido del verbo pasar de eso que me pasa lo podríamos llamar principio de pasión."*

Luego de analizar palabra por palabra la definición de experiencia, Larrosa da algunos ejemplos de lo que significa la experiencia de leer. Dice, tomando como ejemplo a Georges Steiner, acerca de la experiencia de leer a Kafka: *"Lo importante, desde el punto de vista de la experiencia, no es ni lo que Kafka dice ni lo que yo pueda decir sobre Kafka, sino el modo cómo en relación con las palabras de Kafka puedo formar o transformar mis propias palabras. Lo importante, desde el punto de vista de la experiencia, es cómo la lectura de Kafka puede ayudarme a decir lo que aún no sé decir, o lo que aún no puedo decir, o lo que aún no quiero decir. Lo importante, desde el punto de vista de la experiencia, es que leer a Kafka puede ayudarme a formar o a transformar mi propio lenguaje, a hablar por mí mismo, o a escribir por mí mismo, en primera persona, con mis propias palabras."*

En un texto anterior, llamado "La experiencia de la lectura. Estudios sobre literatura y formación",[41] que está citado en el texto que estamos siguiendo, Jorge Larrosa dice: *"El conocimiento moderno, el de la ciencia y la tecnología, se caracteriza por su separación del sujeto cognoscente."* Y un poco más adelante: *"Walter benjamín tiene un texto que se llama Experiencia y pobreza donde reflexiona sobre la abundancia de estímulos y la pobreza de experiencias que caracteriza a nuestro mundo. Tenemos el conocimiento, pero como algo exterior a nosotros, como un útil o una mercancía. Consumimos arte, pero el arte que consumimos nos atraviesa sin dejar una huella en nosotros. Estamos informados, pero nada nos conmueve en lo íntimo. Pensar la lectura como formación supone cancelar esa frontera entre lo que sabemos y lo que somos, entre lo que pasa (y que podemos conocer) y lo que nos pasa (como algo a lo que debemos atribuir un sentido en relación a nosotros mismos)".*

Pasemos entonces a la experiencia analítica.

De Larrosa: la experiencia es eso que me pasa. Primera detención. En la experiencia analítica, ¿quién sería el sujeto de la experiencia? ¿El analizante, el analista? Para responder no hay

---

[41] Larrosa, Jorge: La experiencia de la lectura. Estudios sobre literatura y formación. Alertes, Barcelona, 1996.

manera de no remitirnos a la noción de transferencia. Pero antes, ¿podríamos, dado que en un análisis hay dos (ya veremos si esto es tan así) decir que la experiencia analítica es algo que nos pasa? De ninguna manera, En este punto, aunque en el dispositivo haya "dos" en juego, la experiencia seguirá siendo en singular.

Segunda detención. Que Larrosa hable sobre la experiencia de leer no nos aleja tanto del psicoanálisis; recordemos a Freud en *La Interpretación de los sueños* cuando plantea que la interpretación es un desciframiento, es decir, de dotar de sentido a una escritura que se nos aparece extraña, extranjera. Podríamos decir que en un análisis se lee el texto del analizante, y se lo lee, desde la perspectiva de Lacan, ya no para darle un sentido, sino dándole otra puntuación, donde entonces otro sentido aparece. Sin embargo, pensar al psicoanálisis como experiencia nos implica marcar las diferencias con otros tipos de experiencias. En primer lugar, la experiencia analítica pone en juego la sexualidad y el pensamiento, pero de un modo muy particular, puesto que el sexo perfora el pensamiento, a la vez que produce un pensamiento erogenizado. De esta manera, en función de que se trata de una experiencia aparentemente compartida por dos partenaires, la transferencia (que es transferencia al saber), el amor (que se pone en juego en la transferencia) aleja al psicoanálisis de cualquier modelo psi, es decir, lo aleja de la función psi, de la que hablaba Foucault. Claro que enunciarlo no alcanza para que esto así sea. Se trata de una petición de principio, pero no es performativo. Las derivas del movimiento psicoanalítico a lo largo de su historia lo demuestran. Podríamos decir incluso que enunciarlo es un punto de partida. Alejarse de la función psi sería algo a conquistar.

Vayamos ahora a lo que consideramos sería la diferencia radical de la experiencia analítica con otro tipo de experiencia donde, siguiendo a Larrosa, el resultado final sería una transformación subjetiva. No va de suyo que un análisis llevado a su fin lleve a una transformación subjetiva; esto implicaría suponer un sujeto de la experiencia, y aquí radica el problema, ¿qué sujeto se le supone al psicoanálisis? ¿Hay, en la experiencia analítica, un sujeto abierto a la experiencia? Cuando Lacan enuncia su fórmula de sujeto supuesto saber, pareciera decirnos que no. Cuando alguien demanda análisis no va dispuesto a ninguna experiencia, es más, el mismo Lacan recomendaba que cuando alguien demandaba análisis sin que ninguna pregunta lo afectara, es decir, cuando iba al encuentro de un analista por el mero hecho de realizar un ejercicio al estilo "conócete a ti mismo" había que sacarlo a lo empujones del consultorio. Si el analizante deposita el saber en el otro, es precisamente porque de eso no quiere saber nada. Es decir, ese estado de "abierto" del que habla Larrosa, no pareciera ser el punto de partida de la experiencia analítica. El sujeto, evanescente para el psicoanálisis, el sujeto ondulante que se mueve al compás de la aletehia, no se condice con ese sujeto del que habla Larrosa que, en definitiva, es el sujeto de la filosofía. Aquí es donde es necesario retomar el invento freudiano, que no está en la teoría sino en una praxis singular: Una demanda de análisis – como afirma Laurent Cornaz[42] - confronta tanto al analista como al analizante, al real del amor, a lo imposible de la reciprocidad amorosa. Al acoger la demanda de análisis, el analista, para sostenerse en su posición, debe decir no, no a responder al amor del analizante. Ese no, es el que posibilita la puesta en marcha de la transferencia. Es ese no, precisamente, el que marca la singularidad de la experiencia analítica respecto de otras experiencias.

Pasemos ahora sí, a la cuestión de la transferencia. Y para ello utilizaremos un puente que unirá lo que hemos desarrollado sobre la experiencia y la transferencia en la experiencia analítica. Puente que nos permitirá abordar luego, la cuestión de los diagnósticos y su función en un análisis.

---

[42] Cornaz, Laurent: La transformación silenciosa del Doctor Freud. Revista Me cayó el veinte Nº
29. ¿De qué transformación hablamos? México, 2014.

Se trata de una anécdota del talmud, que Lacan mencionará en la sesión del 23 de enero de 1963, donde invita a leer un artículo que redactó en 1960 con motivo del fallecimiento de Ernest Jones.[43]

La anécdota del Talmud la hemos tomado del libro de Gloria Leff, "Juntos en la chimenea, donde la reproduce al comienzo del libro.[44]

"Después de hacer su tesis doctoral en lógica socrática y graduarse con todos los honores, un doctor en filosofía se presentó un día ante un Rabino y le pidió que le explicara los pormenores del razonamiento talmúdico.
— Voy a ponerle una prueba para ver si tiene el espíritu adecuado para introducirse en los estudios judaicos. Le voy a plantear unas preguntas de lógica, ya que esta es su especialidad, respondió el Rabino.
El doctor en filosofía está listo.
El Rabino le muestra dos dedos:
— Dos hombres bajan por una chimenea. Uno de ellos sale limpio, el otro sucio. ¿Quién va a lavarse la cara?
— ¿Esta es la prueba de lógica? Pregunta el doctor en filosofía a punto de soltar una sonora carcajada.
— Por supuesto, le responde el Rabino imperturbable.
— ¡Ah! Pues, el que sale sucio va a lavarse.
— Falso, dice el Rabino. El que sale limpio es quien va a lavarse. Es pura lógica simple: el que sale limpio ve al otro limpio y piensa que él también está limpio, y entonces no va a lavarse. El que sale limpio ve al otro sucio y piensa que él también está sucio, y entonces el que sale limpio va a lavarse la cara.
— Está clarísimo, concluye el doctor en filosofía. Pasemos a la siguiente prueba.
— El Rabino le muestra nuevamente dos dedos:
— Dos hombres bajan por una chimenea. Uno de ellos

---

[43] En memoria de Ernest Jones: Sobre su teoría del simbolismo. Escritos 2.

[44] Leff, gloria: Juntos en la chimenea. La contratransferencia, las "mujeres analistas" y Lacan. Epeele. México, 2007.

sale limpio, el otro sucio. ¿Quién va a lavarse la cara?
— Me acaba de dar la respuesta, Rabino, el que sale limpio es quien va a lavarse la cara.
— Falso. Los dos se lavan. Es lógico: el que sale limpio ve al otro sucio, piensa que él también está sucio, y entonces va a lavarse; pero el que sale sucio ve al que sale limpio ir a lavarse y concluye que, si va a lavarse, es porque lo ve sucio a él, y también va a lavarse. Entonces los dos se lavan la cara.
— La verdad, no reflexioné de esa manera, dice muy serio el doctor en filosofía. Póngame otra prueba, ahora sí he comprendido el método.
El Rabino le muestra los dos dedos:
— Dos hombres bajan por una chimenea. Uno de ellos sale limpio, el otro sucio. ¿Quién va a lavarse la cara?
— Los dos, acabamos de llegar a esta conclusión.
— ¡Falso! Ninguno de los dos se lava la cara. Es lógico: el que sale sucio ve al que sale limpio y piensa que él también está limpio y entonces no se lava. El que sale limpio ve que el que sale sucio no se lava, piensa que, si no lo hace, es porque a él lo ve limpio y tampoco se lava. Entonces, ninguno se lava la cara.
El doctor en filosofía está absolutamente descorazonado.
— A pesar de todo, estoy seguro de haber comprendido. Permítame pasar la última prueba.
El Rabino levanta los dos dedos fatídicos:
— Dos hombres bajan por una chimenea. Uno de ellos sale limpio, el otro sucio. ¿Quién va a lavarse la cara?
— Ninguno de los dos se lava, responde el doctor en filosofía, con una voz que apenas puede oírse.
— Falso. ¿comprende ahora las limitaciones de la lógica para resolver los problemas talmúdicos? La respuesta es que es una pregunta tonta: ¿cómo podrían dos hombres bajar por la misma chimenea y uno de ellos salir sucio y el otro limpio? Quien no comprenda esto no tiene el espíritu apropiado para la enseñanza del Talmud.

Esta anécdota nos sirve de puente pues de alguna manera implica cambiar el punto de vista. El doctor en filosofía, sujeto cognoscente, no es un sujeto abierto a la experiencia, y diremos algo más, no lo es en tanto su "saber" le obtura la posibilidad de experienciar, siguiendo la posición de Benjamin. Por otra parte, la anécdota pone la cuestión sobre el "dos"; es decir por los dos afectados por la situación. ¿Cómo no ver que en esta anécdota hay cuatro en juego? Están los dos que descienden por la chimenea, pero también los otros dos: el Rabino y el Doctor en filosofía. La situación ocurre entre ellos, donde se muestra que el doctor en filosofía lee, pero no hace la experiencia de leer. Es decir, en una experiencia donde hay dos sujetos en juego, ambos se verán afectados, y sin embargo, la experiencia será singular.

La cuestión de la chimenea nos remite directamente a los orígenes del psicoanálisis, es decir a Anna O. Será ella la que dirá que eso que hace con Breuer es una talking cure, y una chimmey sweeping. Ahora bien, el mismo Breuer, en la comunicación preliminar de los "Estudios sobre la histeria" dirá que lo de la limpieza de la chimenea será un chiste y que no hay que tomarlo en serio, dejando solamente en pie la talking cure. ¿Qué es lo que se está dejando afuera? Precisamente la dimensión erótica del análisis, y reduciendo la experiencia analítica a una mera cura de palabra, donde la palabra cura ocupará el centro de la escena, pues curar, curan los médicos. En esta doble nominación de Anna O al método de Breuer y en la posición de éste último, quedan establecidas al interior del psicoanálisis, las tensiones que lo recorrerá desde sus inicios. Dejar caer la dimensión erótica no implica otra cosa que introducir al psicoanálisis de lleno en lo simbólico, desconociendo aquello de "real" que posee toda palabra. Introducir al psicoanálisis de lleno en lo simbólico implica una práctica plena de sentido que no es, desde el vamos, aquello con lo que se encontró Freud.

La anécdota del talmud y la retoma Lacaniana, es otro modo de plantear el debate que se juega sobre el psicoanálisis; no parece casual que sea en este mismo seminario, al final de la primera sesión, donde dirá que si el psicoanálisis puede ser llamado de alguna manera, es de erotología. Hay que partir de ahí.

Freud sí se tomó en serio lo de la limpieza de la chimenea, y es por eso que en una carta a Jung, enviada el 21 de noviembre de 1909 le dice: *"No hay que olvidar que el mal de ojos es una buena demostración de la admitida generalidad de la envidia y de la hostilidad oculta tras el amor. Los apotropaea*[45] *nos corresponden por completo, siempre son consuelos con respecto a la sexualidad, como el onanismo en la infancia. Asimismo me han explicado cómo, por ejemplo, el deshollinador es considerado como un anuncio de felicidad: el chimey-sweeping es un acto simbólico del coito, lo cual ciertamente no sospechaba Breuer."* Vamos a detenernos en este fragmento de la carta y tratar de desmenuzarlo. Quizás pueda llamar la atención que Freud se detenga en el mal de ojos; sin embargo, hay que tener en cuenta que en la cultura europea, en la cultura legada de Grecia y Roma, el mal de ojos tenía una significación especial: efectivamente se trataba de la envidia; lo interesante es cómo se la arreglaban los romanos para contrarrestar el mal de ojos: utilizaban amuletos itifálicos. El amuleto operaba como una especie de pararrayos, es decir, desviaba la mirada. No es más que una repetición del mito de la cabeza de medusa, mito al que Freud va a dedicarle un pequeño texto en 1922 y que permanecerá inédito hasta 1940. Allí relata la proeza de Perseo tomando como eje la cuestión de la castración; sin embargo lo realmente interesante, que podemos retomarlo àpres-coup, es la cuestión de la mirada. Freud no se detiene en este pequeño artículo en la cuestión de la mirada, pero podemos ver que en aquel lejano 1909 sí. Como lo señala Pascal Quignard en su libro "El sexo y el espanto", la mirada tiene una función petrificadora. La mirada congela, solidifica, ¿por qué? Por el efecto de fascinación. Seguimos entonces a Quignard: *"La palabra griega apotrópaion se dice en latín fascinum. El fascinum*

---

[45] De apotropaico: Fenómeno ritual para alejar el mal, a lo malos espíritus, o para protegerse de una acción mágica maligna.

(el fascinus artificial) es un baskánion (algo que preserva contra el mal de ojos). Plutarco dice que el amuleto itifálico atrae la mirada del fascinador para impedir que la fije en su víctima." ¿Debería sorprendernos tal poder de la mirada? Ya Freud había ubicado a la mirada como una de las pulsiones, pero quizás Lacan nos brinda un cuadro más completo; siguiéndolo quizás podamos decir algo más: la mirada nos retrotrae al momento de la fragmentación inicial. Cuando la mirada mira el cuerpo del otro, fragmenta, nunca ve la totalidad imaginaria, esa Gestalt construida en el llamado estadio del espejo. Cuando la mirada mira, nos retrotrae al nivel de la cosa. La mirada cosifica, es decir, petrifica. Así como el niño no puede sustraerse a la mirada del otro que lo copta, así como no podemos sustraernos a la mirada que nos mira desde un espejo, así quedamos, petrificados ante la mirada cosificante del otro. Sigamos a Quignard*: "El deseo fascina.*[46] *El fascinus es la palabra romana para nombrar el phallos."* Con esta frase se cierra el círculo freudiano. Si el falo es el fascinus, se puede entender el texto de Freud "Cabeza de medusa". La petrificación del que mira fijo a la medusa, es la petrificación ante el fascinus multiplicado, que implica a su vez, el horror de la castración. Otra vez Lacan y su estadio del espejo: la completud del otro amenaza al niño fragmentado.

Sigamos con la carta. Continúa con los *apotropoeas*, que, como ya lo hemos indicado, son los amuletos, consuelos le dice Freud, ¿por qué? Pues porque de alguna manera velan la castración. Y entonces, luego de eso viene lo del deshollinador. Anuncio de felicidad, ¿será casual entonces que el nacimiento se metaforiza con la cigüeña dejando el niño en la chimenea? Y entonces Freud, en ese momento retoma lo que nunca había dejado de lado, retoma lo que Breuer invitaba a no tomar en serio, la chimey sweeping de Anna O. ¿Qué es entonces lo que no se le escapa a Freud? La dimensión erótica del dispositivo analítico. Pero, hay

---

[46] Más adelante retomaremos a Quignard en otro texto, "Vida secreta", donde podremos notar una cierta rectificación al ubicar al deseo en otro lugar, respecto a la fascinación.

que decirlo, a Freud nunca se le escapó el asunto; en una carta a Jung del 27 de octubre de 1906, escribe: *"Muchas gracias por el nuevo análisis. No ha sido Usted, efectivamente, muy reservado y parece también que se le ha aparecido de modo suficientemente claro la < transferencia >, la prueba principal de la naturaleza sexual de la energía pulsional de la totalidad."* Un poco después será más específico aún. El 30 de enero de 1907, en una de las reuniones de la Sociedad Psicoanalítica de Viena dirá: *"Sólo hay un poder que puede eliminar las resistencias: la transferencia. El paciente se ve compelido a abandonar las resistencias por amor a nosotros. Nuestras curas son curas de amor."*

Queda bastante claro entonces que la lectura que hace Freud de lo sucedido entre Breuer y Anna O, es bastante diferente; Freud tomará muy en serio lo de la limpieza de la chimenea, y verá ahí, uno de los fundamentos del psicoanálisis: el amor de transferencia, es decir, la participación del amor en la cura. Si hemos dado este rodeo, fue para ubicar de manera clara, la relación entre el amor y la transferencia, a lo que habría que añadir el tercero en cuestión: el deseo.

Saltemos a Lacan porque habrá en él una verdadera vuelta de tuerca en relación a la transferencia. Esto no significa hacer, como suele hacerse, hablar de los postfreudianos o la IPA como si fuera un bloque; de ninguna manera, había y hay enormes diferencias; un Winnicot no puede ser metido en la misma bolsa de un Jones o Un Abraham; no puede mezclarse a una Melanie Klein con una Anna Freud; sin embargo, la vuelta de tuerca de Lacan significa poner a la transferencia en otro lugar del dispositivo. Para Lacan, la transferencia no será una herramienta en manos del analista, una herramienta que será usada a favor de la cura; no, para Lacan, la transferencia será el corazón de la experiencia analítica, retomando algo que Freud dice en el comienzo mismo del texto "Dinámica de la transferencia": que este fenómeno es algo que ocurre, que no puede fomentársela ni oprimirla: la transferencia ocurre, así, sin más. El asunto, es cómo se ubica el analista frente a eso que ocurre.

Ahora bien, esa vuelta de tuerca no es algo que a Lacan se le ocurrió de la noche a la mañana.

En 1951, en un texto llamado "Intervención sobre la transferencia", Lacan, todavía tomado por el hegelianismo, va a plantear que de la dimensión del diálogo surgirá la verdad: *"Por lo que hace a la experiencia psicoanalítica debe comprenderse que se desarrolla entera en esa relación de sujeto a sujeto, dando a entender con ello que conserva una dimensión irreductible a toda psicología considerada como una objetivación de ciertas propiedades del individuo. En un psicoanálisis, en efecto, el sujeto, hablando con propiedad, se constituye por un discurso donde la mera presencia del analista aporta, antes de toda intervención, la dimensión del diálogo."* En este párrafo podemos notar tres cosas; primero que aparece ahí la palabra experiencia, es decir que para Lacan la dimensión de experiencia está presente desde los comienzos de su enseñanza. En segundo lugar, la noción de sujeto que pone en juego, es decir, no el sujeto de la filosofía sino un sujeto que surge como efecto de discurso, pero un discurso surgido con la presencia del analista, y en tercer lugar, la dimensión de diálogo, un diálogo particular porque no supone que el analista hable. Es bastante claro: la mera presencia, antes de toda intervención. Esto quiere decir que la dimensión de diálogo aparece por los lugares ocupados en el dispositivo. Continúa Lacan*: "En una palabra, el psicoanálisis es una experiencia dialéctica, y esta noción debe prevalecer cuando se plantea la cuestión de la naturaleza de la transferencia."* Si se trata de una experiencia, no es cualquier tipo de experiencia; y si es dialéctica, debe aparecer el tercero, y el tercer será la verdad. Tal como lo señala Pierre Balmès,[47] en ese momento Lacan participa de una doble filiación: por un lado Hegel con la dimensión dialéctica de la experiencia, y por el otro Heidegger, donde la idea

---

[47] Balmès, François: Lo que Lacan dice del ser. Amorrortu Editores. Buenos Aires, 2002.

de aleteheia, es decir, el develamiento de la verdad, está presente. La verdad surge del diálogo, ocupando el lugar de negación de la negación.

Esta sería, en ese momento, la estructura del dispositivo, pero, ¿qué lugar ocupará la transferencia? Dice Lacan: *"Dicho de otra manera, la transferencia no es nada real en el sujeto, sino la aparición, en un momento de estancamiento de la dialéctica analítica, de los modos permanentes según los cuales constituye los objetos. ¿Qué es entonces interpretar la transferencia? No es otra cosa que llenar con un engaño el vacío de ese punto muerto. Pero ese engaño es útil, pues aunque falaz, vuelve a lanzar el proceso."*

En ese momento entonces, la transferencia será, al igual que lo plantea Freud, aquello que se pone al servicio de la resistencia y por lo tanto, detendría la dialéctica, es decir, se opondría al surgimiento de la verdad. Es decir, aquí la transferencia funcionaría como un índice, el indicio de que algo de la verdad está cerca y por eso aparece la resistencia bajo la forma transferencial.

Nueve años después, en su seminario sobre la transferencia, Lacan dará un giro, tal como puede verse al inicio mismo del seminario: *"Por decirlo todo, se requiere aquí de una topología adecuada, y por lo tanto, una rectificación de lo que implica comúnmente el uso que hacemos todos los días de la noción, teórica, de la transferencia. Se trata de referirla a una experiencia."* Se tratará entonces, en este seminario, de rectificar la noción de transferencia, de sacarla del ámbito de la teoría para llevarla al ámbito de la experiencia.

Para realizar dicha operación le será fundamental el análisis del banquete y la cuestión del agalma, que funcionará como antecedente del objeto a. Este seminario es muy importante. Será allí donde mencionará por primera vez su fórmula sobre el amor: *Amar es dar lo que no se tiene (23 de noviembre de 1960).* También donde brindará su propia metáfora sobre el amor: *"Esa mano que se tiende hacia el fruto, hacia la rosa, hacia el leño que de pronto se enciende, su gesto de alcanzar, de atraer, de atizar, es estrechamente solidario de la maduración del fruto, de la belleza de la flor, de la llamarada del leño. Pero cuando en ese movimiento de alcanzar, de atraer, de atizar la mano ha ido ya hacia el objeto lo bastante lejos, si del fruto, de la flor, del leño, surge entonces una mano que se acerca al encuentro de esa mano que es la tuya y que, en este momento, es tu mano que queda fijada en la plenitud cerrada del fruto, abierta de la flor, en la explosión de una mano que se enciende – entonces lo que ahí se produce es el amor (7 de diciembre de 1960)."*

No vamos a detenernos en este seminario, sólo queremos mencionar que Lacan advierte en la dinámica de "El Banquete", que el lugar es algo importante para el desarrollo de la situación, es decir, que el lugar determina al sujeto. Lugar de erastés, lugar de eromenós, pero también, los lugares para realizar el elogio. Sesión a sesión, Lacan irá comentando cada uno de los discursos sobre el amor que tienen lugar en la casa de Agatón, el joven poeta anfitrión, hasta que el día 18 de enero de 1961 comienza el comentario sobre el discurso de Sócrates; comentario que continúa el 25 de enero del mismo año, día en el cual, sobre el final, anuncia el tema del próximo encuentro: el agalma. Es decir que el 1 de febrero ya está posicionado en la última parte de "El banquete", momento de la irrupción de Alcibíades. Tema con el que continuará en la próxima sesión, el día 8 de febrero. Podríamos caer en la tentación de afirmar que a Lacan es esta la parte que le interesa, la irrupción de Alcibíades que rompe la lógica del simposio, que subvierte los discursos ordenados y correctos, pícaros y sutiles. Alcibíades pone todo al revés y se deja de sutilezas (no podemos más que evocar la propia figura de Lacan en el seno de la IPA). Pero si Lacan se detiene en la subversión de Alcibíades, es porque en ese tramo del texto, se pone de manifiesto la importancia del lugar. Será el lugar quien producirá un sujeto. El que está a la izquierda debe ocupar el lugar de erastes, es decir amante, del que está a su derecha, el eromenós. Entonces, lo que importa es el lugar, y no la persona; la persona, al ocupar el lugar actuará de tal o cual manera.

> – ¡Oh Zeus! – exclamó alcibiades -, ¡cómo soy tratado una vez más por este hombre! Cree que tiene que ser superior a mí en todo. Pero, si no otra cosa, admirable hombre, permite, al menos, que Agatón se eche en medio de nosotros.
>
> – Imposible – dijo Sócrates -, pues tú has hecho ya mi elogio y es preciso que yo a mi vez elogie al que está a mi derecha. Por tanto, si Agatón se sienta a continuación tuya, ¿no me elogiará de nuevo, en vez de ser elogiado, más bien por mí? Déjalo pues, divino amigo, y no tengas celos del muchacho por ser elogiado por mí, ya que, por lo demás, tengo muchos deseos de encomiarlo.[48]

Digamos algo sobre el agalma. Alcibíades dice que Sócrates es como aquellos silenos, feos por fuera pero bellos por dentro ¿se refiere al alma? No. Los viejos silenos eran unas especies de cajas que reproducían figuras de sátiros, feas, y que adentro se guardaban las cosas preciosas, los agalmatas. El agalma entonces era eso, que según Alcibíades, Sócrates llevaba dentro de sí y que para acceder a él, había que abrir la caja. Lo que Lacan tomará de esto, es que entonces, no era Sócrates quien enamoraba sino en cuanto portador de agalma. Eso le permitirá a Lacan concluir unas cuantas cosas: que analista es una función, un lugar que se ocupa pero analista no se es. No es una cuestión de ser. Por eso, en más de una ocasión, Lacan dijo que cuando hablaba, sólo podía hacerlo como analizante, porque fuera de un análisis, analista no hay.[49]

---

[48] El Banquete. 222 d y 223 a.

[49] Habrá que esperar a la proposición de octubre de 1967, en su "proposición sobre el pase" para que Lacan sea más específico. Allí incorporará su último neologismo sobre el ser. El ser es un des-ser (être-des-être).

Pensemos entonces en la chimenea, la transferencia y los diagnósticos. Pasemos entonces del seminario sobre la transferencia al de la angustia. Tal como lo mencionamos más arriba, es en la primera sesión de dicho seminario, el día 14 de noviembre de 1962, sobre el final, donde Lacan afirma que el psicoanálisis es una erotología, y lo dice para afirmar, separar al psicoanálisis de la psicología: *"No he tomado la vía dogmática de hacer preceder de una teoría general de los afectros lo que voy a decirles de la angustia. ¿Por qué? Porque aquí no somos psicólogos, somos psicoanalistas. Yo no les desarrollo una psico-logía, un discurso sobre esa realidad irreal que se llama psique, sino sobre una praxis que merece un nombre, erotología. Se trata del deseo "*

Luego, el 9 de enero del 63 enuncia y anuncia su único invento: el objeto a: *"Este esfuerzo, este programa, en el que nos esforzamos aquí, desde hace algunos años, y es por este hecho que hoy nos encontramos en suma teniendo que precisar, en nuestro camino de la angustia , el estatuto de algo que designaré de entrada ante todo por medio de la letra a minúscula que ustedes ven aquí reinar por encima del perfil... del perfil del florero que simboliza para nosotros el continente narcisista de la libido i(a)..."* Y finalmente el 23 de enero retoma la anécdota del talmud para referirse a la pregunta freudiana por excelencia: ¿qué quiere una mujer? Si un análisis es una experiencia erotológica de la cual, quien funge de analista no queda por fuera, sino que está ahí, metido dentro y ensuciándose la cara, es decir, si el analista es tocado en su función; si la transferencia pone en funcionamiento un análisis, precisamente por el objeto a, que se pone en juego, ¿qué lugar puede tener un diagnóstico en este dispositivo?

Si tuviéramos que decirlo palmariamente, diríamos ninguno, pero sabemos que no es así, que los diagnósticos empapelan las paredes de los consultorios, y se supone que están ahí para dirigir la cura. Este es el corazón del problema. ¿Realmente podemos sostener que el analista dirige la cura? Está el escrito de Lacan,

"La dirección de la cura y los principios de su poder"; sí, es verdad, pero veamos el modo en que esto está escrito. La dirección de la cura. ¿Está ahí la palabra analista, está ahí la presencia del analista? Si decimos que tal calle tiene dirección norte sur, no estamos diciendo que llevamos la calle en dirección norte sur, sino todo lo contrario, que como la calle es dirección norte sur, si queremos ir por esa calle, deberemos respetar su dirección. Si se lee de esa manera, se ve muy diferente; pues bien, hay en ese título un impersonal, y por lo tanto, parece un exceso adjudicarle al analista la dirección de la cura, sino que la cura misma tiene una dirección y que el analista debe seguirla. Ese texto, escrito para ser presentado en el Coloquio Internacional de Royaumont en julio de 1958, resulta una continuación de otro llamado *Situación del psicoanálisis en 1956*. Lacan pone a los analistas en el banquillo, Lacan cuestiona precisamente la dirección que ha tomado el psicoanálisis en esa época, dirección que explicita cuando afirma: *Bajo el nombre de psicoanálisis muchos se dedican a una reeducación emocional del paciente.*[50] Cabe resaltar que dicha reeducación se daba bajo una técnica que consistía en la "domesticación de un Yo débil (el del paciente) por medio de un Yo fuerte (el del analista). A poco de comenzar el texto Lacan señala que, efectivamente el analista dirige la cura, y a continuación aclara que el analista no dirige al paciente. Entonces, ¿de qué se trata? *La dirección de la cura consiste en primer lugar en hacer aplicar por el sujeto la regla analítica, o sea las directivas cuya presencia no podría desconocerse en el principio de lo que se llama la situación analítica.*[51] Cuando leemos en la segunda parte del título. Los principios de su poder, ese "su" a quién se refiere, ¿al analista? ¿A la cura? Nos inclinamos a pensar que se trata precisamente de la dirección, es decir el hacia dónde va. El poder estará en la dirección. Entonces, el analista ¿qué puede hacer sino acompañar? Quizás pueda resultar

---

[50] Lacan se refiere aquí al artículo La thérapeutique psychanalytique de Sacha Natch, publicado en Psychanalyse d'aujourd'hui bajo la dirección de Sacha Nacht y Ernst Jones.

[51] Lacan, Jacques: La dirección de la cura y los principios de su poder. Escritos 2, pag. 566.

extraño pensar que un analista sólo acompaña la travesía de un analizante, pero tal extrañeza puede disolverse si tomamos esa figura que nos legara Lacan; nos referimos a la función secretario. Lacan le responde a Falret cuando cuestiona cierta pasividad de los psiquiatras para con el loco. Lacan retoma la figura del secretario en su más amplia dimensión, dimensión histórica que debería retrotraernos a la figura del liberto en la antigua Roma; el liberto, ese esclavo devenido libre para llevar los papeles de su amo, y cuando decimos llevar, lo decimos en el sentido físico del término; es decir, el liberto llevaba la palabra de su amo, o podríamos decirlo de otra manera: hacía circular la palabra de su amo, es decir, del Otro. Pero no hace falta irnos hasta el Imperio Romano para dar cuenta de la importancia del secretario. Mucho más cerca en el tiempo nos encontramos con la figura de Maquiavelo, que fue secretario en Florencia cuando Los Médicis fueron desalojados temporariamente del poder. Si bien Lacan introduce la figura del secretario para pensar el lugar del analista frente a "las psicosis", el giro producido en 1975, nos permite pensar la figura del secretario como la posición del analista.[52] Esto quiere decir que, acompañar no significa pasividad, acompañar significa no conducir al paciente a un final de partida acorde con el Yo del analista. Retomar la relación Freud – Fliess bajo esta perspectiva no carecería de interés pues precisamente Fliess estaba ahí, acompañando a Freud, a veces en un silencio sepulcral que tenía efectos en Freud. Ni Fliess, ni Freud, salieron ilesos de esa relación. Hay un film, *La secretaria*;[53] donde la protagonista, con algunos problemitas, consigue trabajo de secretaria para un

---

[52] El giro al que nos referimos es al iniciado en 1974/5 con el nudo borromeo que lleva a Lacan a desestabilizar la cadena significante y poner en cuestión las certezas que las estructuras brindaban. De esa época son algunas de sus conocidas frases como "Hay que ser verdaderamente psicótico para demandar análisis", o "creer en esa cosa absolutamente loca llamada inconsciente", o "todos nacemos psicóticos, y algunos hacemos síntoma neuróticos".

[53] La secretaria, dirigida por Steven Shaimberg, protagonizado por James Spader y Maggie Gyllenhaal, estrenada en el año 2002.

tipo que tiene otros problemitas ¿y qué hace ella? Se vacía de ser. ¿Cómo pensar ese vaciarse de ser? Dos pequeñas frases de la filosofía zen pueden ayudar: *"Para probar mi taza de agua primero debes vaciar tu propia taza. Amigo mío, deja de lado todas tus ideas preconcebidas y sé neutral. ¿Sabes por qué esta taza resulta tan útil? Porque está vacía."* La otra: *"¿Sabes de qué manera el agua llena un vaso? Se convierte en dicho vaso. No tienes que pensar en nada. Tienes que volverte nada."* Entonces, esto nos da la posibilidad de revisitar la frasecita de *"Ciencia y verdad"*, el sujeto sobre el que opera el psicoanálisis no es otro que el sujeto de la ciencia, y pensar que está hablando del analista. Vaciarse de ser. Ese vacío que apunta a la nada, a la nada como causa nos pone sobre la pista del objeto a, en tanto casusa de deseo. Precisamente, el objeto a, un objeto que no lo es tal, en el sentido fenomenológico, en el sentido filosófico, un objeto cuyas características son singulares: es parcial, es pulsional y es no especular. Ahí ubicará Lacan al analista en el seminario "El reverso del psicoanálisis".

Por otra parte la palabra cura, tan ligada a la medicina; sin embargo, hay otro contexto, otro campo disciplinar, por decirlo de algún modo, donde la palabra cura también aparece, pero con un significado bien diferente. Nos referimos al mundo del arte. En cualquier catálogo puede verse que en toda muestra hay un curador. ¿Qué función cumple un curador en el arte? ¿Qué cura el curador? ¿Qué sería la cura en este caso? Hay que ir un poquito más atrás. Supongamos que un artista quiere hacer una muestra (puede suceder al revés, que quien se dedica a curar vaya detrás del artista), entonces llama a un curador. El curador entonces se para, mira la obra y selecciona, estos sí, estos no, va a la sala y los ordena, ordenando de esta manera un recorrido que, después el espectador podrá seguir o no, pero ese recorrido da un sentido a la obra, un sentido que no estaba en el conjunto de cuadros, un sentido que va a partir de la materia prima del artista, es decir, del material significante. Entonces la cura, sería hacer pasar la palabra del otro tomando un nuevo sentido (no estaría tan alejada la función del curador de la del secretario, tal como se ha visto).

Si lo llevamos al análisis, entonces la cura sería eso que ocurre a partir de la acción del secretario, pero esa acción estará moldeada por el material significante, que lleva su propia dirección.

Si tomamos de esta manera al análisis, es decir, si le damos el lugar que se merece a la transferencia, es decir, la de indicar la dirección, los avances, los impasses; nos repetimos la pregunta: ¿qué lugar tienen los diagnósticos en este tipo de ejercicio?

Vamos a apoyarnos en frasecitas para decir lo que hay que decir, frasecitas que ponen en evidencia el principio de autoridad: el Freud dijo, o el Lacan dijo: Freud dijo que la transferencia actúa al servicio de la resistencia (del paciente); Lacan dijo que toda resistencia es resistencia del analista; entonces, ¿podemos decir que los diagnósticos vienen a servirle al analista, a su propia resistencia?

También dijo Lacan que un análisis funciona a partir del deseo del analista, y de alguna manera sabemos que el deseo se sostiene en una falta en ser. Será función del analista entonces, sostener dicha falta y ofrecérsela al analizante. Nada que colmar, nada que satisfacer, aunque habría que hacer una excepción; hay una demanda que sí se satisface, y es la demanda de análisis. En fin, que entonces la transferencia, el amor y el deseo están ahí en la experiencia analítica; y ¿cómo está el analista en ese lugar? ¿Está dispuesto a ser arrastrado? Entramos en un terreno cenagoso y difícil. Para salir de tal dificultad, hay que recordar lo que mencionamos del seminario de la transferencia, donde Lacan va a brindarnos una fórmula, la de que amar es dar lo que no se tiene, y una metáfora, la del leño encendido.

El análisis, tal como lo dice Freud, es una experiencia amorosa, y tal como lo dice Lacan, una experiencia erotológica, y tal como lo dice Jean Allouch, una erotología de pasaje. Allouch tomará la proposición de octubre de 1967 sobre el pase, proposición presentada durante el seminario sobre el acto analítico, entonces, unirá ese acto, acto que Lacan refiere al final de análisis, y el pase, para decir que el fin de análisis implicaría un pasaje, de analizante a analista, si tal analizante está dispuesto a dar testimonio de su experiencia. Y ¿cuál sería esa experiencia? Precisamente ese tiempo que llevó a que se produzca una destitución subjetiva de un lado, y una caída del otro lado; es decir, destitución subjetiva porque habrá pérdida del objeto a, puesto en la figura del analista al momento de caer. Es por eso que Allouch sostendrá que un análisis es un duelo, es decir, una travesía de pérdida.

Ubicada la experiencia analítica en este lugar, la pregunta acerca del diagnóstico no para de repetirse como un tintineo. Podríamos decir, no tiene sentido diagnosticar, pero ahí están, y si están en el lugar del sinsentido, solidariamente con las formaciones del inconsciente, hay que interrogarlos. ¿Por qué hay diagnóstico ahí donde más bien debería haber vacío? Lo diremos de esta manera: el diagnóstico juega a favor de la resistencia del analista, funciona como un mecanismo de defensa para no dejarse llevar por la torrentada de la transferencia.

Una vuelta más: en el seminario sobre la identificación, Lacan analiza el cogito cartesiano y le va a servir para ubicar al saber por un lado y a la verdad por el otro. Y dirá que el análisis va por el lado de la verdad, no por el lado del saber; entonces, si los diagnósticos ponen al analista del lugar del saber, ¿cómo se sostiene un análisis donde el analista ocupa el lugar del saber y no del supuesto saber? Es decir, aquella originalidad y radicalidad freudiana frente a la pregunta qué quiere una mujer, vuelve a darse vuelta y el saber queda del lado del analista.

Esto es muy claro en relación a eso que suele llamarse la perversión. Durante muchos años se escuchó decir (y todavía puede escucharse) que un perverso no demandaba análisis porque era egosintónico con su síntoma; nunca se escuchó que tal vez el llamado perverso no demandaba análisis porque no se sentiría escuchado, se sentiría clasificado, clasificable y por ende calculable. Esta palabra, calculable, es la que nos servirá de puente para el último punto de este texto. Pero hay más, cuando alguien parado en la posición de analista afirma que un perverso no demanda análisis porque su síntoma es egosintónico, ¿habla desde el psicoanálisis o desde la psicología? Y cuando decimos psicología nos referimos a esa psicología que Lacan rechaza pues coincide con Canguilhem que culmina su artículo "¿Qué es la psicología?" de la siguiente manera: *"Cuando se sale de la Sorbona por la calle Saint Jacques se puede ascender o descender; si se asciende, uno se aproxima al Panteón, que es el conservatorio de algunos grandes hombres, pero si se desciende, uno se dirige seguramente al Departamento de Policía."* La experiencia analítica, y por ende la función del analista, no se encuentra, podríamos decir parafraseando a Canguilhem, en la calle Saint Jacques.

Bajo el pretexto (sí, ha leído bien, pre-texto, pues los diagnósticos funcionan como el pret-texto del decir del analizante) del diagnóstico estructural y así poder dirigir la cura, efectivamente se deja de escuchar el dicho del analizante para escuchar la estructura; a todas luces queda claro que sólo se escuchará aquello que confirme un saber previo, ese saber previo que tanto Freud como Lacan supieron decir que había que dejar caer (retomando las pequeñas referencias a la filosofía zen, podríamos decir que quien funge de analista en vez de ser agua es taza, y podríamos agregar, taza llena).

Estas son algunas de las razones por las cuales, Foucault llegó a decir que los analistas se habían convertido en tristes técnicos del deseo. Daremos un ejemplo de esto. Catherine Millot publicó hace un buen tiempo un libro llamado "Exsexo", también traducido como "Fuera de sexo". Allí sostiene que los transexuales son psicóticos ejemplares porque realizan en lo real, el corte que no llegó en lo simbólico. Tomando aquella formula lacaniana de que lo forcluido en lo simbólico retorna en lo real, Millot plantea que la ablación de órganos sería ese corte que no llegó en lo simbólico; de esta manera, el empuje a la mujer recaería en lo real del cuerpo. Si esto nos puede parecer hoy una barbaridad, o incluso mover a risa, es porque las minorías sexuales levantaron la voz, hablaron por ellos mismos para dejar de ser hablados por otros; y aquí nos topamos nuevamente con la cuestión de la colonialidad, porque la colonialidad no es una cuestión de países y geografías: la colonialidad se produce en todo lugar donde se impone una dominación y por ende un dominado, o subalterno. El subalterno no habla, es hablado, tal como dice Gayatri Spivak. En este caso, las minorías sexuales estaban en el lugar de subalternos respecto a la norma, y eran hablados por otros. Si la comunidad gay no hubiese empezado a hablar, a producir textos, los llamados gays and lesbian studies, ¿habríamos modificado el punto de vista según el cual los homosexuales eran perversos? Es muy posible que no.

Para demostrarlo, veamos lo que ocurrió en 1921 en la IPA. Estaba por realizarse el congreso de Amsterdam, y un médico holandés solicita el ingreso. Se dio un gran debate pues este médico era gay. Freud y los vieneses, respetando la posición de Freud, dijeron que sí. Pero los alemanes e ingleses se opusieron. Los argumentos fueron: si no pudieron curarse ellos de la homosexualidad mediante el análisis, mal podrían curar a otros. Y el otro: lo único que los homosexuales pueden aportarle al psicoanálisis es desprestigio. Podemos decir que, en ese momento, el psicoanálisis se había alejado de la originalidad freudiana y había vuelto a caer en la medicina.

Algunos, no pocos, en aras de justificar lo injustificable, pusieron y ponen como excusa, la cuestión de la época; sin embargo la época nos dice todo lo contrario, y para probarlo, bastaría detenernos en una relación silenciada: la de Freud con Magnus Hirschfeld. Dicha relación se extendió entre 1906 y 1911; sin embargo Freud menciona a Hirschfeld en los "Tres ensayos" publicado en 1905, e incluso hay una nota al pie, incluida en 1920, es decir, 9 años después del fin de dicha relación, donde Freud adopta el punto de vista de Hirschfeld respecto a los sexos intermediarios. Coincidentemente, en el caso sobre la joven homosexual, que también es de 1920, Freud también, de manera más ampliada que en la nota al pie, retomará la posición de Hirschfeld, lo mismo que en "El yo y el ello": *"Queda así establecida una serie, en uno de cuyos extremos se halla el Complejo de Edipo normal, positivo, y en el otro, el invertido, negativo, mientras que los miembros intermedios nos revelan la forma completa de dicho complejo, con distinta participación de sus dos componentes."* Hay que ser lo más preciso posible. Que Freud adoptara el punto de vista de Hirschfeld no significa que renuncie a la universalidad del Complejo de Edipo, pero al tomar la teoría de Hirschfeld de los sexos intermediarios, le permite pensar en un complejo de Edipo completo, es decir, donde la bisexualidad (algo que Freud siempre sostuvo como constitutiva) tuviese su lugar. Luego de que Hirschfeld abandonara la IPA, en el campo psicoanalítico no volvió a hablarse de él; curiosamente, en el campo de la sexología, tampoco se mencionó la estrecha colaboración entre ambos.

En relación a HIrschfeld, otra vez nos interesa ubicarnos en el año 1921, el año de la discusión sobre la admisión de homosexuales en IPA. También es el año en que en Berlín se abre "La policlínica" dirigida por Max Eitingon, y también el año en que HIrschfeld abrirá su "Instituto" en la misma ciudad. En esa época, Hirschfeld comenzó con las primeras operaciones de reasignación de sexo. Es allí donde Einar Mogens se transformó en Lili Elbe.[54] Es decir que la época no es razón suficiente para justificar la pasión normatizante de la que se impregnó el psicoanálisis. Pero además, hay que decirlo, esa posición se mantuvo de manera general hasta no hace mucho tiempo (y se mantiene en algunos

---

[54] La protagonista del film La chica danesa. En el film, no es HIrchfeld el que aparece sino Kurt Warnekros, que fue el responsable de las cuatro operaciones posteriores y donde Lili encontró la muerte.

casos). En ese sentido, la Asociación de Psiquiatras americanos le llevó la delantera al psicoanálisis, al considerar, de la mano de los estudios de Stolle, que la homosexualidad no era una patología, en 1974. Dentro del psicoanálisis, la primera noticia llegó de la mano de la École lacanienne de psychanalyse que, desde su fundación en 1985, planteó el acogimiento de los gays and lesbian studies y realizó una lectura crítica de las estructuras clínicas, fundamentalmente de la llamada estructura perversa.

Diferente es lo que ocurre con la locura, pues los locos hablan y producen teoría, pero como hay un modo de producción de saber estandarizado, un modo neurótico de producción de saber, eso otro queda marginado, arrojado fuera de las murallas del saber, pero, si tomamos por ejemplo las cartas a los poderes de Antonin Artaud, ¿no hay ahí más saber que en tantos tratados de filosofía política? Transcribimos la "Carta a los directores de asilos para locos"; podríamos haber transcripto cualquier otra.

> *Señores:*
> *Las leyes, las costumbres, les conceden el derecho de medir el espíritu. Esta jurisdicción soberana y terrible, ustedes la ejercen con su entendimiento. No nos hagan reír. La credulidad de los pueblos civilizados, de los especialistas, de los gobernantes, reviste a la psiquiatría de inexplicables luces sobrenaturales. La profesión que ustedes ejercen está juzgada de antemano. No pensamos discutir aquí el valor de esa ciencia, ni la dudosa realidad de las enfermedades mentales. Pero por cada cien pretendidas patogenias, donde se desencadena la confusión de la materia y del espíritu, por cada cien clasificaciones donde las más vagas son también las únicas utilizables, ¿cuántas nobles tentativas se han hecho para acercarse al mundo cerebral en el que viven todos aquellos que ustedes han encerrado? ¿Cuántos de ustedes, por ejemplo, consideran que el sueño del demente precoz o las imágenes que lo acosan, son algo más que una ensalada de palabras?*

No nos sorprende ver hasta qué punto ustedes están por debajo de una tarea para la que sólo hay muy pocos predestinados. Pero nos rebelamos contra el derecho concedido a ciertos hombres — incapacitados o no — de dar por terminadas sus investigaciones en el campo del espíritu con un veredicto de encarcelamiento perpetuo.

¡Y qué encarcelamiento! Se sabe — nunca se sabrá lo suficiente — que los asilos, lejos de ser "asilos", son cárceles horrendas donde los recluidos proveen mano de obra gratuita y cómoda, y donde la brutalidad es norma. Y ustedes toleran todo esto. El hospicio de alienados, bajo el amparo de la ciencia y de la justicia, es comparable a los cuarteles, a las cárceles, a los penales.

No nos referimos aquí a las internaciones arbitrarias, para evitarles la molestia de un fácil desmentido. Afirmamos que gran parte de sus internados — completamente locos según la definición oficial — están también recluidos arbitrariamente. Y no podemos admitir que se impida el libre desenvolvimiento de un delirio, tan legítimo y lógico como cualquier otra serie de ideas y de actos humanos. La represión de las reacciones antisociales es tan quimérica como inaceptable en principio. Todos los actos individuales son antisociales. Los locos son las víctimas individuales por excelencia de la dictadura social. Y en nombre de esa individualidad, que es patrimonio del hombre, reclamamos la libertad de esos galeotes de la sensibilidad, ya que no está dentro de las facultades de la ley el condenar a encierro a todos aquellos que piensan y obran.

Sin insistir en el carácter verdaderamente genial de las manifestaciones de ciertos locos, en la medida de nuestra aptitud para estimarlas, afirmamos la legitimidad absoluta de su concepción de la realidad y de todos los actos que de ella se derivan.

Esperamos que mañana por la mañana, a la hora de la visita médica, recuerden esto, cuando traten de conversar sin léxico con esos hombres sobre los cuales — reconózcan-

Debemos entonces reconocer que hubo un momento en que el psicoanálisis se dejó invadir por una pasión normatizante que lo alejó de algunos principios centrales plateados por Freud, pero sobre todo de su radicalidad innovadora que lo alejaba de los tratamientos médicos. Si un médico busca restaurar la salud dañada; puesto el psicoanalista en la misma función, ¿qué busca restaurar? Dicha pasión normatizante, Lacan supo denunciarla tempranamente en su práctica y en su enseñanza; en su práctica al innovar, por ejemplo en la duración de las sesiones, yendo contra toda norma, es decir desnormatizando la práctica misma del análisis; en su enseñanza al plantear la necesidad de retornar a Freud, es decir a recuperar la originalidad freudiana que sacaba al psicoanálisis del ámbito del tratamiento, del saber médico – y no para arrojarse al saber psi – y reinsertar el invento freudiano en el lugar del cual nunca debería haber salido: en la experiencia.

TERCERA PARTE

La experiencia analítica a la luz del neoliberalismo

¿Qué relación podría haber entre el psicoanálisis y el neoliberalismo como para que compartan un título? La hay, y es más, hay una razón muy fuerte para juntarlos porque lo que está en juego es la subjetividad.

En el apartado anterior, al hablar del llamado perverso, decíamos que la no demanda de análisis podía deberse a que se sentiría clasificado, clasificable y por ende calculable, y dijimos que la palabra calculable era la que servía como puente para abordar esta, la última parte del trabajo. Claro que desde la máquina de vapor, desde el cuerpo pensado como máquina, el individuo será calculado y por ende calculable; sin embargo, eso que se escapa, eso que Lacan logró visualizar y que denominó resto, hacía que no todo fuera calculable. Pero a la luz del neoliberalismo, ¿podemos seguir sosteniendo esto?

Cuando decimos calculable, estamos introduciendo un elemento central que ha atravesado todo el libro de manera silenciosa: la razón instrumental, razón organizada alrededor del logos. La razón instrumental es la razón moderna, la razón surgida de la lógica moderna, que es la lógica de la colonialidad. Asumir la colonialidad permite visibilizar y resignificar, del mismo modo que creer en esa cosa loca llamada inconsciente empuja a la resignificación. Tienen el mismo efecto: no hay marcha atrás. Asumir la colonialidad significa aceptar que no hay modernidad sin conquista, y que la acumulación necesaria para poner en marcha al capitalismo vino de la mano de una mercadería excepcional: los esclavos. De esa manera, la modernidad unía tres continentes: Europa, América y África.

Como ha sido señalado, el psicoanálisis ha surgido en el seno de la modernidad, y por lo tanto la lógica colonial también está ahí; pero también hemos dicho que el mismo objeto del psicoanálisis, le ha permitido ubicarse en una situación un tanto paradojal: en la orilla de la modernidad. La orilla no es afuera, tampoco adentro.

La modernidad, dicha así, pareciera un bloque pétreo, inamovible; sin embargo no es así. Las modificaciones globales, como la caída del muro de Berlín, la revolución tecnológica, sobre todo en las comunicaciones, la irrupción de la comunicación virtual, etc. han tenido efecto en la vida cotidiana de la gente y en los Estados Nacionales. Una nueva ola liberal fue expandiéndose, terminando con décadas del modelo conocido como "Estado de bienestar" surgido luego de la finalización de la segunda guerra mundial. Es lo que conocemos como neoliberalismo. Una pregunta se impone. ¿Será lo mismo el neoliberalismo en un país europeo que en uno latinoamericano? No adelantemos la respuesta, sin embargo no podemos dejar de observar que en un mundo globalizado, las decisiones que se toman en el "primer mundo" tienen efectos en el "tercero".

Desde finales de los 70, el neoliberalismo viene llevando adelante una transformación de la subjetividad, o quizás sea más adecuado decir que un efecto del neoliberalismo es la transformación de la subjetividad. Como sea, habría que interrogarse si hay lugar para el psicoanálisis en esta transformación subjetiva que se está operando. Habíamos dicho antes que el psicoanálisis había surgido en la modernidad en un momento de caída de la imagen paterna; vamos a profundizar un poquito esto. El surgimiento del capitalismo operó una fuerte transformación subjetiva; es decir, se impusieron y naturalizaron ciertas formas de pensar que tuvo efectos en cada uno de los ámbitos de la vida cotidiana. En primer lugar podríamos hablar del ideal de libertad. Marx lo planteó con claridad. Aquellos desposeídos iban al mercado a vender la única mercancía que tenían: su fuerza de trabajo, pero para poder hacer eso, tenían que ser libres, es decir, no pertenecer a ningún amo, no ser siervos de ningún señor. Esa idea de libertad se naturalizó tanto, que hoy a nadie se le ocurriría ponerla en cuestión;[55] sin embargo, en el mismo momento en que Marx escribía eso, en otras regiones del planeta existían regímenes coloniales, donde se mantenía la esclavitud e imperaba el orden colonial. Esto quiere decir que el análisis realizado por Marx funcionaba muy bien para pensar Europa, pero no el resto del mundo; tal vez por eso se entienda que haya escrito una diatriba contra Simón Bolivar, pues la revuelta independentista, significaba un retraso en la implantación del capitalismo. Hecha esta salvedad, podemos aceptar que la idea de libertad introdujo en la lógica de la modernidad múltiples transformaciones sociales, incluida la idea de familia. La familia como unidad básica de la sociedad, y a partir de allí toda la red de relaciones serán reguladas bajo una forma nueva y que bajo la luz del surgimiento de "lo universal" se transforman en a-históricas. Son ideas que se naturalizan, se piensan como inherentes a la realidad humana; y sin embargo no siempre fue así, ni está garantizado que sea así para siempre. Cuando vemos que después de 70 años de experiencia socialista, lo peor del capitalismo resurgió en la URSS con una ferocidad inusitada, resulta evidente que más allá de las condiciones materiales, el socialismo no pudo o no supo llevar adelante una

---

[55] Tal vez habría que decir que el psicoanálisis sí la cuestiona. Al sostener que todo deseo es deseo del otro, es decir sintomático, pone en duda la idea de libertad tal cual se la difunde desde las usinas de poder. En todo caso, la libertad sería algo a conquistar. Ir más allá del padre sería uno de los modos, claro que no el único, de ejercicio de esa libertad.

transformación subjetiva y esa subjetividad moldeada de acuerdo al logos se mantuvo intacta.[56]

Hoy nos encontramos frente a un nuevo proceso de modificación subjetiva, surgida también del capitalismo en su nueva vertiente: el neoliberalismo. Palabras como transparencia, eficiencia, emprendedorismo, derecho a la información, son los mascarones de proa de este movimiento.

Vamos a tomar aquí, fundamentalmente, la cuestión de la transparencia, ya que toca de lleno a la experiencia analítica, y para introducirla vamos a seguir a Byun Chul Han, filósofo coreano. Hábil lector, sus libros, breves, puntúan, de manera precisa, y tal vez por eso contundente, lo que otros filósofos desarrollan en extenso. Sin embargo, la lectura que realiza este filósofo adolece de una limitación: no toma en cuenta las coordenadas del giro decolonial, y es por eso que su análisis, queda centrado a la realidad europea, lo que no quita que nos sea útil seguirlo, porque América no es sin lo europeo, como lo señaló Rodolfo Kusch. Será necesario entonces ir un poco más allá de Han, o mejor, deconstruirlo, decolonizarlo[57].

Las citas que utilizaremos para este apartado, serán extraídas principalmente de su libro "La sociedad de la transparencia".

La primera cita corresponde al comienzo mismo del libro: *"Ningún otro lema domina hoy tanto el discurso público como la transparencia. Esta se reclama de manera efusiva, sobre todo en relación con la libertad de información. La omnipresente exigencia de transparencia, que aumenta hasta convertirla en fetiche y totalizarla, se remonta a un cambio de paradigma que no puede reducirse al ámbito de la política y la economía. La sociedad de la negatividad hoy*

---

[56] Sobre este tema, resulta interesante pensar que, en términos de filosofía política, tanto el capitalismo como el socialismo, ponían el acento en lo mismo: el progreso y el bienestar del hombre. La diferencia estaba en la propiedad de los medios de producción.

[57] A la biopolítica de Foucault, la psicopolítica de Byun Chul Han, habría que sumar la necropolítica de Achille Mbembe, que ayuda a incorporar la perspectiva decolonial.

cede el paso a una sociedad en la que la negatividad se desmonta cada vez más a favor de la positividad. Así, la sociedad de la transparencia se manifiesta en primer lugar como una sociedad positiva[58]."

¿A qué se refiere con negatividad? Al segundo momento del movimiento dialéctico. Si no hay negación, no puede haber negación de la negación, por lo cual, lo que está diciendo es que la positividad, la sociedad positiva se detiene en el momento de la afirmación. Sólo de esa manera, eliminando la negación, la negatividad del mundo, puede pensarse en una luminosidad sin sombra, en la pura transparencia. De ahí que el pensamiento positivo se convierta en pensamiento propositivo. El pensamiento positivo se trata, entonces, de un pensar sin problematizar; es por eso que se trata de un pensamiento propositivo. Propone, no cuestiona. El pensamiento positivo se levanta contra el pensamiento crítico.

Transparencia y positividad son dos términos que se oponen al deseo, porque el deseo habita en la oscuridad. El deseo es deseo reprimido, advertía Freud, pero agregaba, el destino de lo reprimido es su retorno. La represión propiamente dicha es aquella que retorna vía las formaciones del inconsciente. ¿Cuál era la posición de Freud respecto a la oscuridad? Recordemos lo señalado en el capítulo 2, la influencia del romanticismo en Freud. Bram Stoker, el autor de "Dracula", lleva el romanticismo a su límite: el mítico conde sólo puede vivir de noche, la luz del día lo aniquila. Drácula representa al deseo, que por definición, es monstruoso, no es humano pero tampoco animal; si decimos que el deseo es humano, es porque el deseo habita en el hombre, el hombre en todo caso es la morada del deseo. En todo caso, podríamos decir que el deseo es la huella de animalidad que arrastramos en cada existencia, ocultándola, escondiéndola de la luz. Ahora bien, Freud describía a su método como una herramienta para hacer consciente lo inconsciente, es decir, traer a la luz lo oscuro.

---

[58] Han, Byun Chul: La sociedad de la transparencia, pag11.

¿Cómo leer esta afirmación de Freud? Vamos a proponer aquí, una lectura posible: podría pensarse, efectivamente como traer lo oscuro a la luz, pero también, llevar luz a la oscuridad. Aunque parezca similar, no lo es: en un caso se trataría de oscurecer lo luminoso, es decir, agregamos algo de oscuridad al mundo lumínico en el que vivimos; en el otro, se trataría de aclarar lo oscuro. Aclarar lo oscuro pone en juego, irremediablemente al saber, al identificar lo oscuro con lo desconocido. Lo que nos autoriza a pensar que Freud no se orientaba en esta dirección es su propia concepción del inconsciente, al que afirma, no se lo puede conocer, y que sólo tenemos acceso a sus retoños, es decir a las formaciones del inconsciente. Y estas formaciones llegan a la claridad del día para opacar, en cuanto aparecen desprovistas de sentido. Si el deseo habita en la oscuridad, el deseo se opone a la transparencia, es necesaria la opacidad para que el deseo circule, se ponga en marcha; pero a la vez, el deseo se opone a la positividad, el deseo es negativo. Ya en su raíz misma "de", se hace presente la negación, ya que el término deseo proviene del latín "desiderio" término con el que se designaba a los astros que brillaban por su ausencia. La negación "de", es la misma que está presente en desfloración, la negación de la floración. Se trata de un ciclo. La desfloración, en su negatividad es lo que permite la posterior floración. El deseo, en su negatividad, no es más que añoranza de un estado perdido. Cuando Freud ubica la primera experiencia de satisfacción en el amamantamiento, no hay que tomar el término "primera" como el inicio de una serie. No hay seriación. Freud no habla de segunda o tercera experiencia de satisfacción; por el contrario, Freud señala la búsqueda de la repetición de esa primera experiencia. La primera experiencia de satisfacción implanta la añoranza en la cría humana, la búsqueda de repetición es lo que pone en marcha el ciclo. Es de esta manera, que el deseo, en su negatividad, es desfalicizante, en tanto el deseo es la negación de la fascinación. Si la fascinación es paralizante, el deseo es movimiento. El deseo niega al fascinum[59]. Sin embargo, el modelo propuesto hoy, el panóptico digital, nos sumerge en un estado de fascinación permanente.

En 1932, Aldous Huxley escribe "Un mundo feliz", amarga anticipación de lo que vendrá, es decir, lo que está siendo hoy. Vivir en estado de felicidad significa vivir sin preguntarse. A eso apunta Byun Chul Han en su libro "Psicopolítica" cuando afirma: *"Quien fracasa en la sociedad neoliberal del rendimiento se hace a sí mismo responsable y se avergüenza, en lugar de poner en duda a la sociedad o al sistema En el régimen neoliberal de la autoexplotación uno dirige la agresión hacia sí mismo. Esta autoagresividad no convierte al explotado en revolucionario, sino en depresivo[60]."* En la novela, tal felicidad se consigue tomando una pastilla (curiosamente en los 80, en plena "Era" Reagan y Tatcher, junto al despliegue militar y la reconversión de la economía hacia el neoliberalismo, se expande de manera exponencial la popularidad y consumo del Prozac, conocido como la droga de la felicidad).

Unos años después, en 1949, otra novela nos anticipa el futuro sombrío: "1984", de George Orwell. Allí podemos ubicar el panóptico de Bentham, tan estudiado por Michel Foucault. La sociedad del control, y también la sociedad del gran hermano.

Ahora bien, de ambos libros podemos entresacar algunas características que nos brindan los elementos necesarios para ubicar la transformación subjetiva que el neoliberalismo viene consumando desde hace más de 30 años. Lo novedoso de este momento, lo que va más allá de la ficción, lo que Byun Chul Han destaca, es que la sociedad de la transparencia modifica la misma subjetividad forjada por el capitalismo y pasa de una sociedad del disciplinamiento a una sociedad del auto control. Así, el panóptico

---

[59] Esa será la posición de Pascal Quignard en "Vida secreta", modificando lo que sostenía en "El sexo y el espanto".

[60] Han, Byun chul: Psicopolítica, pag 7.

de Bentham, que diferenciaba el centro de la periferia, que ubicaba al observador omnímodo en la sombra (todo lo ve pero no puede ser visto) se modifica, pues la sociedad de la transparencia aspira a la transparencia total: todo debe ser visto. Surge, según Byun Chul Han, un nuevo panóptico: el panóptico digital, donde se vive en la ilusión de la libertad total, pues el control devino en auto control. Es decir, los moradores del panóptico digital colaboran en su construcción y conservación, en cuanto se exhiben ellos mismos y se desnudan: *"Esta vigilancia total degrada la sociedad transparente hasta convertirla en una inhumana sociedad de control. Cada uno controla a cada uno*[61]*."*

La topología social es transformada; la matriz del panóptico (centro y periferia) es reemplazada por la figura de la red, sin punto central, se disemina a la manera del rizoma, tan bien estudiado por Gilles Deleuze. De esta manera vemos coincidir esta modificación con la transformación de la estructura de las corporaciones económicas y el surgimiento de la sociedad digital. Aquí es donde se impone una pausa y hacer visible lo mencionado más arriba: la falta del giro decolonial. Realizar dicho giro no significa destruir sino deconstruir; esa diferencia, aunque parezca que va de suyo es importante resaltarla. Partimos entonces, y repetimos, de la aseveración de Rodolfo Kusch, de que lo americano no es sin lo europeo; de esta manera, hay una episteme que opera y es sensible a los cambios que se operan en el lugar donde dicha episteme ha surgido, por lo tanto, no podemos desconocer que esa nueva subjetividad que denuncia Byun Chul Han opera también aquí; es más, fue anunciada como campaña política: el emprendedorismo ocupó el centro de la campaña electoral del actual gobierno (2016 -2019)[62]. Sin embargo, el modo en que esa nueva subjetividad

---

[61] Han, Byun Chul: La sociedad de la transparencia, pag 90.

[62] Concretamente, Esteban Bulrich afirmaba la necesidad de una revolución educativa cuyo lema de campaña fue, palabras más, palabras menos, que luego de esa trasnformación, el joven que egresara de la escuela secundaria ya no iba a buscar trabajo, sino que lo iba a inventar. Así, cada uno se convertía en su propio jefe, a través del emprendedorismo que luego lo graficó con la fabricación de cerveza artesanal. El emprendedorismo implica la

se pone en juego, difiere sustancialmente, pues la lógica colonial subsiste. No podríamos afirmar que aquí se haya reemplazado la sociedad de control por la de autocontrol; quizás sí decir que se superponen, que coexisten, y tal vez ello haga que en nuestro mundo, la vida sea más violenta, en el sentido de la violencia estatal sobre todo. Incorporar la violencia es necesario porque desde el surgimiento de los Estados Nacionales, la violencia es tomada como monopolio del Estado. Y esa violencia se impone siempre, como una regulación segregativa. Coexisten entonces, el modelo panóptico y la transparencia; coexisten el autocontrol y el control, y será, inevitablemente, en los sectores más postergados, más vulnerables, donde ambos modelos recaerán con mayor rigurosidad.

El agente de transformación de esta subjetividad, es la idea de libertad. Sólo el ideal de libertad hace posible tal movimiento. Esa transformación es la que nos lleva a la construcción de una sociedad transparente, donde la hiperinformación es un factor clave; de ahí que los medios de comunicación y su concentración monopólica resulten estratégicos. Bajo el formato de la diversidad, se baja un único relato, un único punto de vista que obtura la pregunta; si en "Un mundo feliz", la pastilla era la que impedía el cuestionamiento, hoy, la droga de la felicidad son los medios de comunicación, incluyendo las redes sociales.

Luego de la muerte de Freud, fue publicado en 1940 un artículo muy breve, apenas una página, escrito en 1922, titulado "Cabeza de medusa". Trata allí sobre la representación artística

---

reconversión de las fuerzas laborales; a medida que crece la desocupación por la desaparición de espacios laborales, cada desocupado tiene la posibilidad de montar su propia empresa de la que será jefe y empleado, y eso, el modelo neoliberal lo ve como un avance pues implicaría una "liberación de las fuerzas productivas". Si ponemos entrecomillas la frase liberación de las fuerzas productivas es porque esa liberación es un viejo anhelo del liberalismo económico. Martinez de Hoz, luego del golpe de estado de 1976, afirmaba que una vez que se terminara con el cepo que el estado le ponía al empresariado, es decir, la no intervención del estado en el mundo laboral, significaría una liberación de las fuerzas productivas. Como puede verse, la palabra libertad aparece otra vez asociada al capital.

de la cabeza de la medusa cuya cabellera está compuesta por cantidades de serpientes y resalta el hecho de que la multiplicación de los símbolos fálicos significa la castración. Llevado al tema que nos ocupa podría decirse que la multiplicación de referencias significa la falta de referencia, o ajustando un poco más aún, la hiperinformación significa la falta de información. La desinformación bajo la forma aparente de la hiperinformación obtura la pregunta.

¿Por qué hacer hincapié en "La pregunta?" Precisamente porque la pregunta se ubica en el lugar de la opacidad frente a la luminosidad del pensamiento positivo y propositivo. La pregunta apunta al problematizar, a la visión crítica de la realidad, sea cual fuera, individual o social. La pregunta abre la puerta a un saber: que la realidad no es natural, que la realidad es una construcción, que la realidad es una construcción del poder, sea este social o familiar, a lo que podríamos sumar el poder psi.

El psicoanálisis, surge de una pregunta. ¿Qué quiere una mujer? Pregunta velada, cifrada y que apunta al desconocimiento de sí. Ese momento se reduplica cada vez que alguien demanda análisis; es el momento de desconocimiento, de opacidad; es el momento en que la opacidad se manifiesta. Momento de desconocimiento significa: dilusión del Yo, estremecimiento subjetivo.

Ese momento de demanda de análisis es un momento en donde el sujeto no se reconoce a sí mismo, lo cual suscita una pregunta ¿Por qué me pasa lo que me pasa? Insistimos en el valor de la pregunta y no de la respuesta; es la pregunta el motor del análisis, lo que lo pone en marcha. Esa pregunta inicial irá virando hasta depositarse en la figura enigmática del analista, y es ahí, donde quien ocupa ese lugar no debe ceder.

Siguiente cita: *"El dinero, que todo lo hace comparable con todo, suprime cualquier rasgo de lo incomensurable, cualquier singularidad de las cosas. La sociedad de la transparencia es un infierno de lo igual*[63]*."*

Si nos detenemos en esta cita no es para remarcar la importancia del dinero y su marca del sistema capitalista, sino por la palabra comparable, pues esto nos remite tanto a Marx como a Freud; de Marx, se sabe, el dinero como mercancía, la teoría del valor. Por el lado de Freud, nos remite a su texto "Sobre la transmutación de las pulsiones y especialmente del erotismo anal" (1915) donde establece las equivalencias simbólicas inconscientes entre pene − niño −regalos − heces − dinero. Lo que resalta el autor es que la transparencia posibilitaría que las equivalencias fueran infinitas y no ya circunscriptas. En esa infinitud se pierde la diferencia, la singularidad, y es por eso que se caería en el infierno de lo igual. La posibilidad de la navegación ilimitada por internet, por ejemplo, permite el acceso a una cantidad ilimitada de información (pero precisamente por ilimitada e indiferenciada, se desjerarquiza e instaura el infierno de lo igual). Aquí agregaríamos que el espacio virtual abre una ilusión de desterritorialidad que oblitera el efectivo control territorial. Desde el margen de la ciudad accedo virtualmente al mundo, a la vez que no puedo llegar al centro porque el territorio ha sido fragmentado para controlar la circulación[64].

Otra cita: *"El lenguaje transparente es una lengua formal, puramente maquinal, operacional, que carece de toda ambivalencia. Ya Humboldt señala la fundamental falta de transparencia inherente a toda lengua humana: al escuchar una palabra no hay dos personas que piensen exactamente lo mismo, y esta diferencia, por pequeña que*

---

[63] Op. Cit. Pag. 12.

[64] Nos referimos aquí, específicamente a la Ciudad de Córdoba y el plan de erradicación de villas miserias; las llamadas "ciudades" dentro de la ciudad. Desplazadas al margen, sus habitantes se ven impedidos de acceder al centro; ya sea por motivos económicos, o por la violencia institucional.

sea, se extiende, como las ondas en el agua, por todo el conjunto de la lengua[65]."

Esta cita, que contiene a su vez otra cita, nos lleva al corazón del problema, es decir a la lengua. La lengua es por sí misma opaca, por lo que señala Humboldt y que es la razón del inconsciente, como puede constatarse en los textos iniciales del psicoanálisis: "Picopatología de la vida cotidiana", "La interpretación de los sueños" y "El chiste y su relación con el inconsciente", tanto como en Lacan cuando realiza la inversión del algoritmo saussureano, es decir, al poner la primacía en el significante y no en el significado. Como puede apreciarse, la lengua del psicoanálisis se ubicaría en las antípodas de una lengua que responda al paradigma de la transparencia, una lengua formal y operacional, sin ambivalencia, es decir, sin malentendido, pero ¿qué sería una lengua sin malentendido? Una lengua que se redujera al cálculo y a su portador en calculable, no sería otra cosa que un lenguaje maquinal, ya que sólo una máquina puede ser totalmente transparente. Tal vez la máquina sea el monstruo de la razón que no supo pintar Goya.

El auge de las neurociencias no hace más que poner a la ciencia a tono con los predicamentos de la época: un sujeto calculable y por ende predecible, y por ende manejable, adaptable. Claro que esto no es nuevo, el conductismo de Watson, y la reflexología pavloviana, son antecedentes claros de un modelo de sujeto vaciado de subjetividad.

Se hace necesario aclarar a qué nos referimos con subjetividad, pues el psicoanálisis, sobre todo la enseñanza de Lacan, pone en cuestión la noción de subjetividad ligada a cierto psicologismo. La subjetividad para el psicoanálisis no apunta a ninguna esencia, a ningún espíritu o "forma de ser", no se refiere a la individualidad. Ya Freud, en "Psicología de las masas y análisis

---

[65] Op. Cit. Pag 13.

del yo", en su capítulo 7, al tratar sobre las identificaciones, va a definir que el Yo, lo más propio de cada sujeto, es a la vez lo más extraño, pues se forma a partir de identificaciones. Es decir que, cuando hablamos de subjetividad no nos referimos a ninguna interioridad ni individualidad. Lacan, con el uso de la topología, explicitó la relación entre el adentro y el afuera, planteando que no hay borde, que hay una continuidad, un movimiento en donde el adentro y el afuera se interpenetran. De ese modo, la subjetividad no es un fenómeno individual, a la vez que tampoco es un fenómeno social, pues desde la perspectiva del psicoanálisis, lo social y lo individual se continúan, a la vez que no se funden. Desde esta perspectiva, lo individual y lo social no hacen uno, pero tampoco mantienen el dos, aparece un tercero: el sujeto barrado. Y esa barra no es otra cosa que la marca del significante, con lo cual, nos ubicamos nuevamente en la lengua; para el psicoanálisis, portadora del malentendido; para el pensamiento positivo, mero código.

Ahora bien, ¿es esta lengua posible? Una escena del film *Matrix* nos da una respuesta. Se trata de la escena del dejá vu. Neo ve pasar dos veces un gato negro; él, habitante y habitado por la lengua materna, piensa que se trata de un dejá vu, algo ya visto; a lo que Trinity le responde: se trata de un error de la matrix. Esa lengua operacional, binaria, construida por ceros y unos, esa lengua también falla. Pero que falle, no significa que no se intente, desde tiempos remotos, calcular al hombre, o mejor dicho, hacerlo calculable. El paso fundamental dado por Lacan en el psicoanálisis, al introducir los tres registros, fue introducir la idea de lo inabordable, de lo imposible de calcular, que llamará "el real". La ciencia, el discurso científico, desde esta perspectiva no buscaría otra cosa que liquidar lo real, asimilar el todo sin resto[66].

---

[66] Esta afirmación, como todas las de este libro, son discutibles. Otro modo de mirar la cuestión sería que, por el contrario, la ciencia corre, abre nuevos espacio de lo real, en tanto cada "descubrimiento", deja nuevas oscuridades por iluminar (la teoría del accidente de Vattimo, sería una buena metáfora de esto).

El Psicoanálisis mostrará que siempre hay algo inasimilable, algo que escapará a las redes de lo simbólico. Es la falla que no admite sutura. La diferencia sexual, efecto de la marca significante en el cuerpo, es el sumun del malentendido, porque el otro sexo será siempre el otro sexo, independientemente de la biología, es decir, de los signos biológicos del cuerpo. Si decimos que la diferencia sexual es el sumun del malentendido es porque cada cultura y cada época, regularon la diferencia sexual de maneras diferentes. Regular la diferencia sexual significa ponerle coto al amor, en tanto y en cuanto, el amor tiende a lo uno. La regulación de la diferencia sexual significa mantener, por el lado de la ley, vivo al deseo, porque el reino del amor, el reino de lo uno, mata al deseo, que necesita de lo otro. Se trata de una paradoja: el deseo, que abjura de la ley, no puede sobrevivir sin ella.

Un hombre obligado a la transparencia de la lengua sería un hombre vaciado de subjetividad, un hombre sin resquicio para estar en sí mismo, al resguardo de la mirada del otro. No podemos designar de otra manera que "violencia de la transparencia" a esta lengua que obligaría al sujeto a dinamitar toda subjetividad para sumarse como masa al gran espectáculo universal.

Decir que "esta lengua obligaría al sujeto" no sería del todo cierto, pues otro fenómeno aparece y le da cierta característica distintiva a esta nueva subjetivación: el arrojamiento del sujeto hacia la transparencia. Un ejemplo de este "arrojarse" son las redes sociales ¿quién nos obliga a exhibir nuestras fotos? ¿Quién nos obliga a publicar nuestros pensamientos? ¿Quién nos obliga a mostrar hasta lo que comemos? Nadie, lo hacemos "porque queremos," y ese "porque queremos" pone en juego la libertad. Al igual que la noción de sujeto emprendedor, que Buyn Chul Han trabaja en su libro "psicopolítica", esta libertad muestra que el neoliberalismo es una forma de dominación política que pone en el centro absoluto la experiencia de la libertad.

Sin embargo (y ahí está la grieta donde se aloja el psicoanálisis), hay un muro de opacidad irreductible: ya la transparencia genera un malentendido: confundir transparencia con verdad. Cuando algo se erige como verdadero, automáticamente introduce la negatividad, pues si algo es verdadero, hay algo otro que es falso. La transparencia puede homologarse a una hiperinformación; estar sobre informado no significa por sí mismo ninguna verdad, sino que por el contrario, la verdad se oculta, se hace esquiva.

Si se hace memoria, se podrá constatar que esta pretensión viene de antiguo y podemos encontrarla en la alegoría de la caverna, de Platón, donde la luz de la verdad despoja al mundo de su carácter negativo, a tal punto que niega al poeta la entrada a su ciudad de la verdad. La sociedad de la transparencia sería eso: una sociedad sin poesía, pues donde reina un lenguaje técnico, operacional y calculable, no hay lugar para el desvarío, los tropos y las metáforas.

A Modo De Cierre

Al comienzo de este trabajo decíamos que esta parte, la última del texto, estaba abierta, en construcción, y a la vez que, al estar atravesada de actualidad, quizás envejeciera rápidamente. Mal podríamos entonces, intentar un cierre conclusivo en tanto y en cuanto no sabemos las derivas posibles de esta nueva subjetivación en ciernes. Queda excluido hacer futurismo e imaginar una sociedad ya realizada, es decir cristalizada. Podemos, en cambio, a modo de cierre, dejar expuestos algunos interrogantes en relación a la práctica analítica. ¿Qué lugar puede tener una práctica que se basa en la circulación de la palabra, en un modelo social que se basa en la desconfianza, en la sospecha, en el control a través de la hiperinformación; un modelo que pone en juego un nuevo imperativo que apunta a la destrucción de cualquier tipo de lazo social?

De eso se trata, del reinado de la desconfianza, de la sospecha, de la introducción del control a través de la hiperinformación, de la imposición de un nuevo imperativo, un nuevo mandato que apunta a la destrucción de cualquier tipo de lazo, pero sobre todo, a la pérdida de valor de la palabra. Con la caída de la confianza la palabra pierde todo su valor. ¿Qué sería del Psicoanálisis, pero también de otros abordajes de los llamados padecimientos mentales, sin el valor de la palabra? O más acuciante aún, ¿Cuál será el futuro de los tratamientos "psi", cuando la palabra no valga nada y entonces seamos todos a-dictos?

Sin dicción, sin palabras, el futuro prometido no es otro que el infierno de lo igual.

Esa es la apuesta del neoliberalismo: un sujeto emprendedor, vaciado de preguntas, con un lenguaje calculable haciendo calculable al portador; una exacerbación del goce en desmedro del deseo; un panóptico digital para que todo sea visible y controlable, una red infinita, rizomatizada, donde cada punto de la red es equivalente al otro; la hiperinformación desjerarquizada; y en toda esa urdimbre, las micropolíticas liberales tiñiendo y dando forma a una nueva subjetividad.

A lo largo de este texto hemos utilizado y puesto en tensión algunas nociones como luz/oscuridad, transparencia /opacidad, intentando construir un punto de vista crítico a la utilización de diagnósticos en el psicoanálisis. Hemos ubicado al diagnóstico en relación a la transferencia y la resistencia. Nos quedaría decir algo más en relación al saber. Hay algo que Lacan menciona por primera vez, en Roma, en 1974 al decir que el psicoanálisis es una estafa. Se puede analizar esta afirmación desde diferentes puntos de vista, pero el que aquí nos interesa es la estafa que se pone en juego en relación al saber. Que en una experiencia analítica se ponga en juego al "sujeto supuesto saber", marca, de partida, la dimensión de la estafa. El analista no sabe, y lo que sabe, debe dejarlo de lado; sin embargo es en función de un saber que la partida inicia: el analizante le supone al analista, un saber. Sin esa suposición no hay análisis. La estafa viene por el otro lado, por el lado de que el analista debe mantener ese saber cómo supuesto, es decir, ni correrse para el lado del saber, ni dejar caer el supuesto. En el primer caso, sería asumir el saber supuesto como tal, restaurando entonces la relación médico/paciente, donde el diagnóstico funciona como saber-poder, dejando al analizante por fuera del saber, de su propio saber, que también es supuesto. El saber restaura la posición segregativa, es la iluminación que aniquila la sombra. De esta manera, el diagnóstico se ubica en las antípodas de la experiencia analítica manteniendo a la práctica inaugurada por Freud, en la práctica médica sin poder quitarse el lastre de encima. Pero si el diagnóstico se ubica en las antípodas de la experiencia analítica, ¿Cuál serían sus efectos? De manera sucinta, podríamos decir que la obtura porque al restaurar la posición segregativa, ubicando al saber de un lado y excluyéndolo del otro, el analista no participaría de la partida analítica como aquel que abre la demanda pero no la colma, propiciando la circulación del deseo.

Dijimos también que el psicoanálisis no es sin la modernidad, pero ubicado en la orilla, realiza su apuesta: mantener una cierta opacidad para mantener vivo el deseo.

Desde la orilla, el psicoanálisis apuesta a la opacidad necesaria para que el deseo siga circulando.

APÉNDICE

Ponencia presentada en el concurso para el cargo de Adjunto de la cátedra de psicopatología en el año 1998, en la Facultad de Psicología de la Universidad nacional de Córdoba (UNC).

Breve recorrido por el término parafrenia

La novela de Macedonio Fernandez, "museo de la novela de la eterna", comienza con un prólogo, luego sigue con otro, y otro, y otro, y cuando debe empezar la novela se termina el libro. Hablar del delirio parafrénico es como esa novela, son tantas las advertencias que hay que hacer, que una vez finalizadas, ya de la parafrenia no queda nada.

La primera advertencia se refiere al campo teórico desde el cual se parte, porque si la psicopatología es ese campo donde se encuentran la psiquiatría y el psicoanálisis, el término delirio parafrénico es el ruido de ese choque, porque Freud toma el término propuesto por Kraepeling para una variedad de delirio crónico, y lo propone como el equivalente de demencia precoz (Kraepeling) y de esquizofrenia (Bleuler).

Si partimos desde la psiquiatría, y que es necesario hacerlo porque el psicoanálisis, Freud, en la psicosis siempre partió desde la psiquiatría, cosa que no ocurrió en el terreno de la neurosis, donde el genio de Freud fue absolutamente original; después veremos cómo ese partir desde la psiquiatría es sólo eso, un partir, porque Freud dará una respuesta sobre la etiología de las psicosis, y ese será el punto sobre el cual, psiquiatría y psicoanálisis, chocaron y seguirán chocando; ese fue el punto que separó a Freud de Jung.

Hay que partir, entonces desde la gran oposición paranoia demencia precoz, planteada por Kraepeling, oposición que significó el aislamiento de la paranoia con respecto al resto de las psicosis, dándole a la paranioa un estatuto estricto y diferenciado, planteando que la característica de la misma era la presencia de un delirio sistematizado, y la ausencia de deterioro. Por el contrario, la demencia precoz se constituía como un campo vasto y difícil de estructurar. En 1899, Kraepeling da una síntesis de la demencia precoz y ubica a la hebefrenia, la catatonía y a la demencia paranoide, algo que nos interesa particularmente porque ese es el título del caso clínico sobre Schreber.

El término parafrenia aparece entre 1900 y 1907, y designa a un tipo, una variedad de las psicosis delirantes crónicas, es un tipo de delirio que no es sistematizado, como la esquizofrenia, pero que no presenta deterioro, como la paranoia. De alguna manera, esta es la concepción que se mantiene hasta el día de hoy.

Una segunda advertencia sería señalar que dentro de la psiquiatría, la escuela francesa nunca adoptó este término sino que mantuvo el de delirio de imaginación y que la agrupación psicopatológica se daba en base a la evolución, si era deficitaria o no. Es decir, que dentro de las psicosis delirantes crónicas, tenemos aquellas que no tienen evolución deficitaria, como la paranoia, las psicosis alucinatorias crónicas y los delirios de imaginación, y las que sí tienen evolución deficitaria como las formas paranoides de la esquizofrenia (que según Freud, sería el núcleo de la psicosis).

La parafrenia se caracteriza por:
- Carácter fantástico de las ideas delirantes.
- Riqueza imaginativa del delirio
- Yuxtaposición de un mundo fantástico al mundo real, al que el delirante se adapta perfectamente.
- Ausencia de sistematización
- Ausencia de evolución deficitaria.

Algunos de los elementos comunes que pueden encontrarse en la parafrenia son por ejemplo, el pensamiento paralógico, es decir, hay un pensamiento mágico desbocado donde no importa la verosimilitud lógica. Aparecen construcciones mitológicas, metamorfosis corporales, palingenesia (renacimiento de los seres), etc. También es característico de la parafrenia, la megalomanía, el sujeto es una víctima acorralada de innumerables perseguidores, es el juguete o la apuesta de gigantescos combates; aparecen ideas de influencia, embrujamiento, transformación de órganos. En la parafrenia hay una primacía de la fabulación sobre la alucinación: si bien es a través de voces, de revelaciones telepáticas, visiones, la forma por la cual toma consciencia de su mundo fantástico, la alucinación cede ante la fabulación y aparecen los relatos fantásticos, prolijos y con una producción imaginaria exuberante. La imagen del yo permanece inserta en la realidad y además conserva la capacidad intelectual, memoria, actividad laboral y comportamiento social.

Las formas evolutivas básicas son:
- Sistemáticas: sigue un curso limitante y se reduce la amplitud y posibilidades fabulatorias e imaginativas. Queda organizado un sistema delirante cada vez más fijo.
- Expansivas. La producción patológica se reduce y luego se reagudiza, aunque cada vez más espaciada. Tiene mejor pronóstico que la anterior.
- Disociativa: la personalidad aparece disociada y se

acerca más a la esquizofrenia, con lo cual dificulta la
diferenciación entre parafrenia y esquizofrenia.

- Parafrenia tardía: trastornos paranoides que surgen en
la vejez con sintomatología delirante y alucinatoria.

La principal diferencia con el delirio paranoico es que
este es un delirio sistematizado, es decir, es una historia bien
constituida, mientras que en el delirio parafrénico, el delirio está
mal sistematizado, se parece a un mito poético.

La diferencia con la psicosis alucinatoria crónica es que en
ésta la base es la alucinación, mientras que en el delirio parafrénico,
la base es imaginativa fabulatoria.

La diferencia con la esquizofrenia es que en ésta hay una
evolución deficitaria, es decir, hay deterioro, mientras que en
la parafrenia no hay deterioro, el sujeto conserva intactas las
capacidades y su adaptación a la realidad.

La tercera advertencia, supone tomar a Bleuler y su concepto
de esquizofrenia, que es el que finalmente se impuso sobre el
de demencia precoz. Es decir, si desde Kraepeling, la oposición
fue paranoia demencia precoz, a partir de 1911, la oposición
fue paranoia esquizofrenia. Y esta, es una advertencia que trae a
otra sobre sus espaldas, porque, por una parte, Bleuler es ya un
posfreudiano, en tanto y en cuanto lee a Freud, y por otra parte
porque Freud, justamente lo que propone es que la oposición
sea paranoia parafrenia, aunque en las lecciones introductorias
al psicoanálisis, en la lección 26, plantea que él quiso reunir en
el término parafrenia, tanto a la paranoia como a la demencia
precoz.

El término esquizofrenia es de 1911, el mismo año en que
Freud publica el caso Schreber, texto donde plantea el acierto
de Kraepeling de aislar a la paranoia, pero dice que el término
demencia precoz es inhábil. También critica a Bleuler por el
término esquizofrenia, diciendo que sólo es válido si se olvida lo

que esa palabra significa, es decir, si se olvida que esquizo significa escisión y que para Freud el sujeto está escindido y por lo tanto, el término esquizofrenia no dice nada con respecto a lo que la demencia precoz es; y propone el término parafrenia que, como es tan vago, no importa que se lo haya usado para otra cosa.

Pero ya, tempranamente, Freud plantea una ruptura con la psiquiatría al plantear la etiología de la psicosis con relación a la libido. Si para Bleuler, el origen sigue siendo orgánico, para Freud, el origen de la psicosis, y las diferencias entre ellas, se debe a la retracción de la libido, a la separación de la libido de los objetos y su regresión y fijación. Así, para Freud, en la paranoia tenemos una regresión de la libido hasta el narcisismo, allí se engrandece el Yo y luego, a través de la proyección, reconstruye el universo, mientras que en la demencia precoz (parafrenia) la libido regresiona hasta el autoerotismo, adelantándose a la introducción del narcisismo, puesto que ya diferencia entre autoerotismo y narcisismo, es decir, entre el niño puesto en el lugar de falo, primer tiempo del Edipo, donde ocupa el lugar del deseo del otro, y el yo, ya constituido mediante ese nuevo acto psíquico, donde el yo baña al cuerpo y deja de ser un puro organismo. Aquí, en la demencia precoz, no hay proyección, no hay una vuelta de la libido sobre los objetos y sí hay alucinación. Por último, en la demencia paranoide, hay un fracaso parcial de la represión de la libido. Esto es importante porque el caso Schreber es un caso de demencia paranoide y justamente, lo que puede notarse en este caso es la presencia de un delirio mal sistematizado y a la vez un mantenimiento de la capacidad intelectual y adaptación a la realidad, es decir, lo que desde la psiquiatría se denomina como parafrenia.

En la inciación del tratamiento, de 1913, en una nota al pie, es Freud quien hace una advertencia, advertencia que denota la futura ruptura con Jung. Ahí Freud advierte sobre una clasificación de Jung. Por un lado neurosis de transferencia, donde entra la histeria y la neurosis obsesiva; y por el otro, la neurosis

de introversión, y ahí viene la aclaración de Freud, introversión
de la libido. Es por culpa de la libido que Freud rompe con Jung;
éste no acepta el carácter irreductible de la libido como fuente y
origen de toda patología, o mejor, no acepta que toda libido sea
sexual. Ese es el punto de ruptura. Esto puede verse en Bleuler
cuando habla de autismo. Sobre esto puede hacerse la siguiente
prueba: Freud plantea que en la esquizofrenia (parafrenia) hay
una regresión al autoerotismo, si a esto se le saca el eros, nos queda
autismo, es decir, que el autismo bleuleriano, es el autoerotismo
sin eros, sin libido sexual.

En Introducción del narcisismo, Freud explicita el mecanismo
de la parafrenia y diferencia tres tipos. Freud plantea que ante
la frustración, la libido, liberada del objeto, no se liga a nuevos
objetos sino que se retrotrae al Yo. La megalomanía corresponde
al dominio psíquico de esta libido aumentada. Correlativamente,
al fracaso de esta función psíquica, correspondería la hipocondría,
que homologa a la angustia en la neurosis de transferencia, es
decir, en la neurosis.

La parafrenia, dice Freud, trae un desligamiento sólo parcial
de los objetos. Los tres tipos de parafrenia que distingue Freud
son:

- — - Los que quedan en un estado de normalidad o de
  neurosis (fenómenos residuales).
- — - Los del proceso patológico (desligamiento de la libido, megalomanía perturbación afectiva, hipocondría y
  todo tipo de regresión)
- — - Los de restitución, que ligan nuevamente a los objetos, bien a la manera de una histeria (demencia precoz
  o parafrenia propiamente dicha) o bien a la manera de
  una neurosis obsesiva (paranoia).

Este último tipo, es el que permite realizar el par histeria
esquizofrenia, y neurosis obsesiva paranoia, es decir, si hubiese
actuado la metáfora paterna, el paranoico sería un N.O. y el

esquizofrénico, una histeria. Par que se asienta sobre la frase de Lacan: lo forcluído en lo simbólico retorna en lo real, dado que lo forcluído es el nombre del padre, aquello que retorna es precisamente este nombre, esta ley. Según sea el padre que vuelva, será la diferencia.

Lo importante para Freud, no es el nombre, sino decir algo más sobre todo esto, ir más allá de la simple descripción fenomenológica, este ir más allá significa decir sobre el origen, decir sobre el mecanismo, eso que Freud denominó como lo abolido, lo que fue la Verwerfung, decir sobre la estructura de la psicosis. Decir algo más, es decir lo que la psiquiatría hubiese querido decir y no pudo por no poder despegar del modelo empirista idealista. Decir algo más es dar cuenta de una clasificación que no se pierda en una infinitud de síntomas perdiendo de vista la estructura, eso que Freud ya enuncia en Dora con respecto a la histeria: que tal multiplicidad de síntomas, deben tener una estructura común.

Otra advertencia debe ser tomada sobre el término delirio, porque al hablar de delirio parafrénico, se está incorporando la dimensión del delirio y su significación, punto donde nuevamente la psiquiatría y el psicoanálisis, entran en colisión.

Ya en el texto de Schreber, Freud introduce la función del delirio en las psicosis: es restitutivo, pero para que mejor se comprenda esto, sería necesario introducir la concepción lacaniana de la psicosis, concepción que gira alrededor de la forclusión del nombre del padre y el delirio como un intento de sutura, de crear eso que falta, eso que ha sido forcluido. La metáfora delirante, viene así, a suplir a la metáfora paterna, sólo que no es. Es decir, aquello que para la psiquiatría es un síntoma, entendido a la manera médica, como un signo, donde significante y significado se corresponden biunivocamente, y donde el delirio en sí mismo no significa nada, que por más sistematizado que sea, por más razonador que sea, es una alienación de la conciencia, y por lo tanto manifestación de la pérdida de libertad, para el psicoanálisis, el delirio no es un síntoma porque no hay metonimia y metáfora, el delirio tiene una significación precisa para el sujeto que lo enuncia, y tiene la función de restituir aquello que se dispersa, apresa al sujeto que se fragmenta.

El delirio, para Freud, y también para Lacan, es la via de acceso a la psicosis porque es ahí donde se juega la verdad. Al coincidir la palabra con la cosa, el psicótico está condenado a decir la verdad. La palabra delirante se profiere sin un referente externo que sería garante de la verdad. Es esto lo que hace que un delirio sea un delirio, no es el contenido de lo enunciado sino la falta de un garante externo, y esto se relaciona con la certeza delirante, la certeza no tiene que ver con lo que dice, no es que no dude de lo que dice, la certeza tiene que ver con que lo que dice le concierne, es decir, él mismo es el garante de lo que dice, que lo que dice es la verdad. Si en la neurosis la verdad es no toda, en el delirio psicótico, sea sistematizado o no, como en el caso de la parafrenia, la verdad no tiene otro camino que ser toda; es por eso que los tres pilares del pensamiento lógico: el principio de contradicción, de identidad y de tercero excluido, no entran en el pensamiento científico, en todo caso es un pensamiento binario porque el principio de contradicción es inadmisible.

El delirio es la alienación sin separación, pero no la alienación de la conciencia sino del hablanteser, es la reabsorción del desecho del ser en la alienación (el sentido).

Trabajo presentado en el congreso de Salud mental del Mercosur en el año 1998.

El síntoma de la modernidad

El trabajo que voy a leer no posee certezas sino más bien interrogantes; no encierra entre sus páginas algún saber sino más bien inquietudes, es que la misma convocatoria a este congreso "Patologías de la modernidad" no hace otra cosa que incitar interrogantes: ¿Qué patologías? ¿Cuál modernidad?

Al observar el temario, nos encontramos con que las llamadas patologías de la modernidad son la anorexia y la bulimia, las adicciones, la violencia, al que podría agregarse los ataques de pánico.

Es inevitable preguntarse por qué, al inicio del siglo XXI llamamos Patologías de la Modernidad a aquellos síntomas que hicieron eclosión en el último decenio del siglo pasado, pero que, como síntomas existen desde hace mucho tiempo; por ejemplo la anorexia: Freud ya la nombra como síntoma histérico, ligado a la fase oral, en los estudios sobre la histeria, que es de 1895.

O las adicciones, ¿por qué el consumo de drogas es una

patología? Pienso en los fumaderos de opio de oriente, pienso en los soldados de la legión extranjera que eran tratados con heroína, pienso en Freud y sus estudios sobre la Coca, pienso en Artaud y su carta a los poderes. Pienso en todo eso y me pregunto, ¿Cuándo, en qué momento la ingesta de una determinada sustancia se convierte en adicción? Y pienso, sobre todo, en la clínica, en un paciente que tuve, que fue traído por la madre, precisamente por adicto. Había hecho todo el tratamiento de rehabilitación en una granja terapéutica, pero como la madre no quería que volviera a caer en la droga, lo llevó a mi consultorio para que siguiera controlado. Resulta que en las primeras sesiones quedó de manifiesto algo que para mí es central en toda esta historia: la droga que más daño le estaba haciendo era la madre. Acerca de su consumo, de vez en cuando fumaba un porro. Y todavía más, más preocupante aún: el lugar que la madre me reservaba en la relación terapéutica: control.

No se me ocurren demasiadas respuestas, pero parece que las adicciones son una cuestión estadística, pero en este caso, las estadísticas, ¿no están teñidas de moral? ¿Cuando se supera cuál decil ya tenemos que hablar de adicción?

O la violencia, ¿por qué ahora es una patología en sí misma? Pienso en el padre terrible de la horda primitiva, el padre de Totem y Tabú, el padre Real, tal cual lo pensara Lacan, pienso en ese padre que no es otro que el padre de las sociedades precapitalistas, ese padre que tenía derecho de pernada, ese padre que incluso, en las zonas rurales de nuestro país existió hasta hace muy poco, digo, existió en tanto hecho natural, porque si todavía existe, ya es juzgado como una aberración. Pienso en ese padre porque fue justamente la desaparición de ese padre, en la era moderna, lo que permitió discernir la existencia de un padre imaginario y otro simbólico, lo que permitió el nacimiento del Psicoanálisis, porque Freud ligó el deseo a la ley, y la ley, es la ley del padre. Pienso en todo esto y me pregunto ¿en qué momento, la violencia dejó de ser un síntoma para ser una patología?

Puede observarse que lo que en este Congreso es llamado patología, es decir enfermedad, lo estoy ubicando en términos históricos, del lado del síntoma, aunque debiera hacer la salvedad que ubicarlo como síntoma, así, sin una referencia explícita a la clínica, es un reduccionismo y un esquematismo propenso al encasillamiento que obstaculiza la escucha. Me pregunto entonces, hecha la salvedad, ¿por qué llevar al rango de enfermedad aquello que desde el comienzo de la Psicopatología fue entendido como síntoma?

La masificación de estos síntomas, se erigen como auténtica denuncia de lo que no anda en la cultura. ¿No puede pensarse a la anorexia y la bulimia como el no anda de una cultura que ordena, que empuja al goce salvaje, imponiendo como patrón estético la delgadez?

¿No se puede pensar la fobia, estos ataques de pánico, como el no anda de una lógica capitalista, salvaje, globalizada, que ordena ser dueños del destino individual, que dice que el éxito es una cuestión de oferta y demanda y que por ende de lo que se trata es de ser eficientes, eficientes hasta la muerte?

¿No se puede, del mismo modo, pensar las adicciones como el no anda de una cultura que ordena recortar el placer, que normatiza el deseo y reglamenta lo que se puede, separando de esta manera al sujeto de su propio cuerpo?

¿No puede pensarse a la violencia, tanto la familiar como la escolar, como la de la calle, como el no anda de una cultura que está derribando la ley y empuja a un malthusianismo salvaje?

Sí, se puede, sólo que a riesgo de caer en un sociologismo progresista que nos aleja de la clínica, puesto que no será como Psicólogos, Psiquiatras o Psicoanalistas, que se cambiarán las reglas del juego en una sociedad que no anda.

El camino, a mi juicio, es darle una torción a todo esto, tratar de pensar el reverso de lo social, aquello que está del lado de la subjetividad.

Cuando Foucault criticó al Psicoanálisis porque se había puesto del lado de la moralidad sexual, los analistas, no respondieron, sin embargo hoy, ante la aparición de una nueva sexualidad, aparición que está relacionada con la irrupción de la técnica en la vida sexual de los sujetos, no alcanzan, y son estériles y anacrónicas las clasificaciones que ubican, por ejemplo, al travestismo del lado de las Perversiones, y al transexualismo del lado de las Psicosis. Pero, y aquí radica mi mayor interrogante, ¿no estaremos nosotros, al elevar a la categoría de patología, con todo lo que eso implica, a diferentes síntomas, digo, no estaremos contribuyendo a normatizar a un sujeto de la globalización, a normatizar al sujeto del pensamiento único? Digo, ¿no estaremos contribuyendo a delimitar cual es la normalidad, desde padrones que conviene a otros intereses?

En el transcurso del siglo XX, dos discursos se adueñaron de la cotidianeidad de la gente: El discurso del Derecho y el discurso de la Medicina. Poco a poco, la ley del padre fue quedando subsumida a la ley del Estado, y el cuerpo fue separado del sujeto y apropiado por la medicina, requiriendo, por parte del sujeto, tal como lo afirma Foucault, el grito de certificación del dolor. La palabra del sujeto es requerida como grito, pero exiliada de todo saber y de toda soberanía sobre el cuerpo sufriente. De la imbricación de ambos discursos surgen cuestiones como la prohibición de la eutanasia, o la tipificación del suicidio como delito.

La crítica que realizó Heidegger a la técnica, aquello de que la Metafísica se realizó en la técnica, fue certera, pero no alcanzó a dilucidar los alcances que ha tenido en estos últimos 50 años.

La aparición de las pastillas anticonceptivas, la reproducción in vitro, las operaciones e implantaciones, el sexo virtual, etc., han modificado la sexualidad al separar definitivamente al sexo de la reproducción y posibilitó la aparición de una nueva práctica sexual. Todo esto, sumado a las modificaciones que la marcha económica del mundo impuso a las familias (sobre todo la incorporación de la mujer al mundo laboral), ha generado un cambio radical en las estructuras, tanto familiares como sociales y sexuales, pero sobre todo, y ahí es donde quienes defendemos el valor balsámico de la palabra debemos poner el acento, ha generado un cambio en las leyes que rigen al deseo humano. Frente a toda esta nueva realidad, es difícil seguir pensando a la estructura del Edipo como la ley que rige al deseo, y por ende, hay que repensar al Padre. Así como la caída del "Padre Real" posibilitó la aparición del Psicoanálisis al poner el eje en el "Padre Simbólico", así hay que preguntarse ahora, si no ha habido una caída del "Padre imaginario" y si esa caída no es propiciatoria de la masificación de esos síntomas, llamados ahora, en esta curiosa modernidad, patologías.

Hace unos días, iba por la calle, alguien que hablaba por teléfono celular, con el detalle de que no tenía en la mano ningún aparato. Me pregunto, ¿autoriza esto a pensar en un nuevo tipo de locura, a la que podría llamarse locura celular? A lo que voy, la aparición de nuevas "conductas" implica necesariamente nuevas enfermedades, nuevos diagnósticos, nuevos tratamientos, o implica pensar en la ley que rige esta novedad y poder escuchar esto, tal cual lo aconsejaba Lacan, olvidándonos de todo nuestro saber para dar lugar a la transferencia. Olvidarse de todo nuestro saber, significa olvidarse de las clasificaciones, de los diagnósticos, y apostar a la palabra del otro, palabra que a veces llega desde el cuerpo, como en la anorexia o la bulimia, palabra que a veces llega desde una sustancia, como en las llamadas adicciones, o a veces en la búsqueda de la aniquilación del otro, como en la violencia.

Para concluir, me pregunto, con este afán diagnóstico, de encontrar nuevas patologías, ¿no estaremos contribuyendo a la creación de nuevas patologías en vez de contribuir a morigerar el sufrimiento de los sujetos que padecen patologías antiguas? ¿No será este el síntoma de la modernidad?

Trabajo presentado en las jornadas intercátedras de la Facultad de Psicología de la UNC en el año 2013.

La palabra que nomina, clasifica y segrega. Una mirada al psicoanálisis

Frente a la convocatoria de estas jornadas, la consigna bajo la cual se convoca "Cómo se diagnostica hoy" cabe preguntarse si el hoy marcaría una diferencia substancial con el ayer; si el hoy implica que el diagnóstico se realiza desde un lugar diferente al de ayer; quiero decir, si dentro del plano de la estructura de un discurso, el hoy del diagnóstico nos ubica en otro lugar de enunciación.

Es evidente, de todos modos, que en esta convocatoria, el peso está puesto en el cómo, pero si se le da una torsión podría verse que en el cómo está implicado el lugar desde el que se enuncia un diagnóstico. Foucault, denunciaba al modelo médico (y no al médico) como un sistema de poder, donde el saber médico condenaba a la mudez al paciente. Este modelo plantea dos lugares a saber: el discurso del dominante y el discurso del dominado, o subordinado; pero aquí cabe una pequeña reflexión, si el saber del dominante, en este caso el discurso médico, condena a la mudez al subordinado, en este caso el paciente, ¿de qué estofa estaría hecho el discurso del subordinado? Voy a decirlo de una sola vez: el subordinado no habla, es hablado. Así, el saber que el paciente podía tener sobre su pesar antes de visitar al médico, se pulveriza frente al saber médico. Es evidente, que el diagnóstico ocupa un lugar central en esta relación médico – paciente, pues de algún modo va a ordenar los lugares.

Es sabido que el psicoanálisis no nace desprendido del saber médico. Freud lo era, y era un médico que, a diferencia de los médicos de la antigüedad, ya disponía de métodos de investigación sobre la etiología de las enfermedades bastante sofisticados (me refiero al método anátomo patológico), un credo científico (el monismo de Bruke), y un modelo a seguir (la química analítica). Esa tríada estallaba cada vez frente al síntoma histérico y la pregunta que lo guió durante toda su vida: ¿Qué quiere una mujer?

Debido a lo breve del tiempo, pego un salto y me sitúo en 1964, en París. Ese año Lacan produce dos actos que tienen implicancia directa sobre este tema: funda la Escuela Freudiana de París, y comienza el seminario sobre los fundamentos del psicoanálisis, donde la transferencia es ubicada como un pilar de la experiencia analítica. Ya no más herramienta, ya no más una cuestión de técnica; no más, por ende, la posibilidad de elegir cómo usarla. Si la transferencia está en el basamento de la experiencia analítica, la transferencia está ahí, comandando la experiencia donde el analista está inmerso.

Un pasito atrás para tomar envión: en 1912, en el texto "Consejos al joven médico", Freud indica que hay que someterse a un análisis eso quiere decir que el analizante debe someterse a un análisis, no a un analista, pues el analista también él debe someterse y ¿cómo? También lo dice en el mismo texto: preocupándose por cumplir el método y no por curar. Es decir, cada uno de los partenaires de la partida analítica deben someterse a las reglas del análisis: asociación libre para el analizante, atención flotante para el analista. Pero, hay que decirlo, se trata de un sometimiento extraño, pues una vez puestas las reglas del juego, ambos son activos. Dice lacan el 12 de marzo de 1974: "Es un decir que, como tal, implica en sí mismo una regla. Ya que decir que algo es apasionante implica hablar de ello como de un juego, donde no se es activo sino a partir de las reglas."[67]

Que ambos sean activos a partir de la regla; que el analista surja como efecto el discurso del analizante (Lacan, 10 de mayo de 1972)[68]; que el analizante hace, en el sentido fuerte del término, al analista (Lacan, 4 de junio de 1969)[69], para mí, implica una cosa sencilla: que no hay saber en el analista, que ponerse en la posición de amo implica caerse del lugar de analista; por lo tanto, cómo alojar en el discurso analítico un diagnóstico que, no puede ser enunciado más que desde un lugar de amo.

Según yo lo veo, hay una contradicción entre reconocer la singularidad de la experiencia analítica - experiencia que, tal como lo señala Jorge Larrosa[70] está guiada por los principios de singularidad, irrepetibilidad y pluralidad – y el diagnóstico que, necesariamente se trata de un enunciado universal.

Pero a pesar de esto que puede ser reconocible por cualquiera, el diagnóstico está ahí, implantado en el quehacer del analista; justo sería preguntarse a título de qué, y qué efectos tiene en el dispositivo.

Voy a decirlo de modo abrupto en virtud del tiempo: el diagnóstico, además de ubicar al analista en el dispositivo médico, es decir una relación de poder donde uno es el que sabe y el otro no, funciona como malla protectora contra los embates de la transferencia; el diagnóstico nos sirve para no ser Breuer frente a Anna; para no ser Freud frente a la joven homosexual.

Pero por otra parte ordena, segrega y nos pone, como analistas,

---

[67] Lacan, Jacques: Seminario Les nom dup errent (no traduzco el título del seminario por el equívoco introducido por el mismo Lacan) que hace homofonía con Les noms du père. Versión Íntegra. Sin más datos.

[68] Lacan, Jacques: Seminario O peor. Versión íntegra. Sin más datos.

[69] Lacan, Jacques: Seminario De otro al otro. Versión íntegra. Sin más datos.

[70] Larrosa, Jorge: sobre la experiencia. Universidad de Barcelona. Sin más datos.

en el lugar donde nos ubicó Foucault: tristes técnicos del deseo.

Llegado a este punto, voy a referirme a un libro.

En 1983, Catherine Millot, psicoanalista, lacaniana, miembro de la desaparecida Escuela Freudiana de París, publica un libro titulado Horsexe: essai sur le transexualisme, traducido como Exsexo: ensayo sobre el transexualismo,[71] donde se aboca, como puede suponerse, al estudio del transexualismo (horsexe es un neologismo introducido por Lacan[72], y exsexo, la traducción de dicho neologismo, propuesta por Germán García).

Basándose en dos puntos bastante centrales de la enseñanza de Lacan respecto de la Psicosis (aclaro: de la enseñanza del seminario de 1956, como si la aparición del objeto a, la tabla de la sexuación y los nudos no hubiesen modificado nada, por el contrario, para la autora, las fórmulas de las sexuación y los nudos viene a fortalecer, a ratificar; se trataría en todo caso de una evolución de Lacan, no de giros); me refiero a la forclusión del nombre del padre y el empuje a La mujer en la psicosis, la autora llega a una conclusión ejemplificadora de la afirmación de Foucault. Diría yo que más que exsexo, se trata de un exceso del cual no creo que estemos exentos la mayoría de quienes practicamos el psicoanálisis.

Sería muy interesante realizar un seguimiento exhaustivo del libro, pero como el tiempo es breve, me contentaré con comentar a grandes rasgos el camino trazado por la autora, un camino que, repito, no me parece trazado por ella, sino uno muy transitado, sobre todo cuando se trata del sexo y sus objetos.

Para decirlo de un modo sumario: el principal problema del libro es el exceso de universales. Un ejemplo: "Todos los hombres transexuales tienen una idea, y hasta una definición de la mujer: Las mujeres son dulces y amables."

---

[71] Millot, Catherine: Exsexo. Ensayos sobre el transexualismo. Catálogo – Paradiso. Bs As. 1984.

[72] El neologismo horsexe, lo introduce lacan el día 13 de mayo de 1973, al comentar la ética de Aristóteles. "El horsexe de esta ética es, entonces, manifiesto." La traducción al castellano del seminario Aun, lo traduce como fuerasexo.

¿De dónde sale ese todo? La respuesta viene a nosotros en la página siguiente: "Tal demanda es nueva (se refiere a la ablación del órgano), ya que supone una oferta que la suscita, la que hace la ciencia, pues sin cirujano ni endocrinólogo no hay transexual. En este sentido, el transexualismo es un fenómeno esencialmente moderno."

Casi con seguridad que la mayoría aquí presente no tendría objeciones con dicha afirmación, pero eso no es un indicador de su justeza sino en todo caso una ratificación de que solemos calzar los mismo lentes a la hora de mirar, unos lentes diseñados por un determinado discurso al cual solemos plegarnos sin probar si nos permite mirar con nuestros ojos o con otros.

La frase está recortada, menciona a Esquirol y a Kraft-Ebing, quienes ya hablan del transexualismo. ¡Esas son sus fuentes! Tal como lo demuestra en el siguiente capítulo donde toma el testimonio ofrecido por Kraft-Ebing. Luego de reproducir fragmentos de dicho testimonio, resalto, un testimonio, pone blanco sobre negro la posición de médicos, psiquiatras, endocrinólogos sobre la patología que conlleva el deseo de cambiar de sexo. ¿Y el psicoanálisis? Catherine Millot dice lo siguiente: "Lacan sostiene que en la psicosis hay una pendiente hacia el transexualismo." Y luego de eso se dedica a presentar el caso de Freud, como probatorio de la tesis de Lacan. Esto es conocido pero acaso, ¿el orden de los factores no altera el producto? ¿Es lo mismo decir que en la psicosis hay una pendiente hacia el transexualismo, que decir que en el transexualismo hay una pendiente hacia la psicosis? Dejemos que la respuesta caiga por su propio peso.

Luego realiza un repaso por diferentes mitos y ritos, fundamentalmente el de Cibeles hasta desembocar en las sectas religiosas, la de los valesianos, surgida en Arabia en el Siglo III y la de los Skopyzy, secta rusa que sobrevivió hasta la segunda guerra mundial. A esta secta le dedica todo un capítulo para dedicarse luego a las transexuales mujeres. Pero antes me pregunto, si aquí y allá, a lo largo de la cultura occidental aparecen indicios de una práctica transexual, o mejor dicho, de una castración en lo Real, decir que en la psicosis hay una pendiente hacia el transexualismo, ¿es lo mismo que decir que en el transexualismo hay una pendiente a la psicosis?

La repetición de la pregunta no es inocente, porque la autora, a pesar de todas las evidencias, insiste en la misma conclusión: el transexual es un caso de psicosis ejemplar, pues realiza en lo Real (la castración) lo que no sucedió en lo simbólico. La corrección quirúrgica vendría a cumplir la función de nudo, de anudamiento.

Catherine Millot lo dice claramente: "El síntoma transexual funcionaría como suplencia del nombre del Padre, en tanto que el transexual tiende a encarnar a La mujer." Y un poco más adelante: "El síntoma transexual tendría así una función estructural análoga a la que Lacan atribuye a la escritura para Joyce. Esto permite comprender por medio de qué suplemento se evita la psicosis."

He aquí donde sitúo el exceso más que el exsexo, dicho en las propias palabras de Millot: Lacan habla de Joyce, ella de todos los transexuales. Ese paso de la singularidad a la universalidad; ese paso hacia la normatización de lo que no está normado, ese paso que nos permite "comprender" y por tanto no sentirnos tocado.

¿Es lo mismo decir que en la psicosis hay una pendiente hacia el transexualismo que en el transexualismo hay una pendiente hacia la Psicosis?

Si bien la respuesta, creo que ya ha caído por su propio peso, quisiera terminar esta presentación con dos ejemplos: el primero, la casta "Hijra" en la India y Bangladesh, donde para ingresar a la casta deben realizarse una castración ritual, con los métodos antiguos utilizando sólo opio como anestesia. En general, dicha emasculación se realiza en la adolescencia. Esta casta, se dice, tiene su origen hace 20.000 años y llegaron a ocupar roles importantes, como ser consejer@s de estado. Con la llegada del Imperio británico fueron condenad@s al ostracismo y hoy, suelen dedicarse a la prostitución (se calcula que hoy hay un@s 4 millones de Hijras en la India). Este sólo ejemplo echa por tierra la pretendida universalidad de Millot, pero además, demuestra cómo la psicopatologización de la sexualidad, tiene consecuencias históricas y políticas, donde el poder, no es ajeno al sexo.

El otro ejemplo nos es mucho más cercano, ya que se trata de un juez de nuestro país que utilizó el libro de Catherine Millot. Mauricio Luis Mizrahi, Dr. En Derecho y juez, escribió su propio libro "Homosexualidad y transexualismo" (Editorial Astrea, Bs. As. 2006) donde dice: *Ahora bien, se impone resaltar un dato que no puede ser soslayado, dada la capital importancia que reviste para el análisis que nos hemos propuesto, se trata de la afirmación de que el transexual, ante todo, padece una patología tal como lo ha demostrado certeramente el psicoanálisis (y hace una llamada a un tal Frignet "El transexualismo" ; Millot, Exsexo "Ensayo sobre el transexualismo" y a Czermak "El transexualismo").* La utilización de un texto de psicoanálisis en un texto de derecho, para oponerse a la operación de reasignación de sexo o al cambio de identidad en el DNI, muestran cómo, desde el discurso psicoanalítico se puede ayudar a sostener la psicopatologización de la sexualidad, y debería enseñarnos a ser más cautos.

Este desliz, esa caída, inevitable por cierto si se sigue sosteniendo al diagnóstico en nuestra práctica, es de lo que Foucault da cuenta al catalogarnos como triste técnicos del deseo.

Corrernos de ahí es nuestra responsabilidad, pero considero que sin dejar caer el lastre del discurso médico, no nos será posible. Muchas gracias.

BIBLIOGRAFÍA

Allouch, jean: El Amor Lacan. Ediciones Literales/Cuenco de plata. Bs. As. 2011.
Spichanalyse. Revista Me cayó el veinte Nº 13. México, 2005.
El psicoanálisis, una erotología de pasaje. Cuadernos de Litoral. Córdoba 1998.
Erótica del duelo en tiempos de la muerte seca. Ediciones literales/Cuenco de plata. Bs. As. 2006.
Acoger los gay and lesbian studies. Revista Litoral Nº 27. Edelp. Córdoba 1999.
Fragilidades del análisis. Revista Me cayó el veinte Nº 29. México 2104.
Artaud, Antonin: El pesanervios. Visor. Madrid, 1992.
Assoun, Paul Laurent: Introducción a una epistemología freudiana.Siglo XXI Editores. México, 1982.
AAVV: Lacan con los filósofos. Siglo XXI Editores. México, 1997.
Balmès, François: Lo que Lacan dice del ser. Amorrortu /editores. Bs. As. 2002.
Bercherie, Paul: Los fundamentos de la clínica. Manantial. Bs. As. 1986.
Crespo, Luis: Los verbos ser y estar explicados por un nativo. Revista Hispania. www.jstor.org/stable/333126?seq=1#page_scan_tab_contents
Cornatz, Laurent: La transformación silenciosa del Dr. Freud. Me cayó el veinte Nº 29. ¿De qué transformación hablamos? México, 2014.
Correspondencia Freud – Jung: Editorial Trotta. Madrid, 2012.
Freud: Sigmund: Obras completas. Biblioteca Nueva. Madrid, 1973.
Estudios sobre la histeria (1895).
Tres ensayos sobre una teoría sexual (1905)
Dinámica de la transferencia (1912).
Sobre las transmutación de las pulsiones, sobre todo en el erotismo anal (1915).
Sobre un caso de homosexualidad femenina (1920).
Psicología de las masas y análisis del Yo (1921).
Cabeza de medusa (1940).
Actas de la Sociedad psicoanalítica de Viena. Ediciones Nueva Visión. Bs. As. 1979.
Correspondencia completa. Biblioteca Nueva. Madrid, 1997.
Foucault, Michel: La hermenéutica del sujeto.
Han, Byun Chul: La sociedad de la transparencia. Herder. Barcelona, 2013.
Psicopolítica. Herder. Barcelona, 2014.

Hernández García, Manuel: El tamiz de China. Revista Me cayó el veinte Nº 29.
¿De qué transformación hablamos? México, 2014.
Huxley, Aldous: Un mundo feliz. Ediciones del Sindicato Nacional de Trabajadores
del Infonavit. México, 2014.
Kusch, Rodolfo: América profunda. Obras completas. Editorial fundación Ross.
Santa Fe, 2009.
Lacan, Jacques: Escritos I. Siglo XXI editores. Bs. As. 2006.
Intervención sobre la transferencia (1951).
La cosa freudiana o sentido de un retorno a Freud en psicoanálisis (1955).
Escritos II. Siglo XXI editores. Bs. As. 1987.
La dirección de la cura y los principios de su poder (1958).
La ciencia y la verdad (1966).

Seminarios:
El yo en la teoría de Freud y en la técnica psicoanalítica. Paidós. Barcelona, 1986.
Las psicosis. Paidós. Bs. As. 1991.
La transferencia. Paidós. Bas. As. 2003.
La angustia. Versión establecida por Ricardo Rodriguez Ponte. Inédita.
De un discurso que no fuese semblante. Edición interna de la Escuela
Freudiana de buenos Aires. Inédita.
RSI. Edición interna de la Escuela Freudiana de Buenos aires. Inédita.
El sinthome. Paidós. Bs. As. 2006.
L'insu que sait de l'une-vebue s'aile à mourre.
Proposición de octubre de 1967. Pas tout Lacan. Sitio Elp.
http://www.ecole-lacanienne.net/
La tercera. Actas de la escuela Freudiana de París. Ediciones Petrel. Barcelona,
1980.
Congreso de La Grand Motte. Pas tout Lacan. Sitio de la ELP.
http://www.ecole- lacanienne.net/
Larrosa, Jorge: Sobre la experiencia. Universitat de Barcelona. S/D de edición.
Leff, Gloria: Juntos en la chimenea: Epeele. México 2007.
Llorca Díaz, Ángeles: Revista española de sexología. Madrid 1997.
Mbembe, Achille: Necropolítica: Editorial Melusina, España, 2011.
Miller, Jacques Alain: Escisión, excomunión, disolución. Manantial. Bs. As. 1987.
Millot, Catherine: Exsexo. Catálogos – Paradiso. Bs. As. 1983.
Orwell, Georges: 1984. Salvat Editores. España, 1980.
Platón: El banquete. Editorial Gredos. Madrid, 1993.
Quignard, Pascal: El sexo y el espanto. Editorial Minúscula. Barcelona, 2006.
Winkelmann, Johans Joachim: Historia del arte en la antigüedad. Hyspamérica.
España, 1985.

Impreso por Editorial Brujas • marzo de 2019 • Córdoba–Argentina